VERSUS

Für Isabelle

Auf ein gesundes

Geldverständnis

28.08.2019 Jens Martignoni

Zur Reihe «VERSUS kompakt»

Die Bücher der Reihe «VERSUS kompakt» richten sich an alle, die sich mit geringem Zeit- und Arbeitsaufwand gründlich in ein Thema einlesen und das erworbene Wissen sofort umsetzen möchten. Das neue Format bietet gesichertes Fachwissen, von Experten geschrieben, auf knappem Raum und in gut verständlicher Sprache, mit zahlreichen Querverweisen, Anwendungsbeispielen und Praxistipps. Die einzelnen Bände setzen sich grundsätzlich aus zwei Teilen zusammen:

- Der *erste Teil* enthält eine Einführung, die einen Überblick über die wichtigsten Fragen und Probleme des Gesamtthemas geben soll. Zahlreiche ▷ Querverweise auf die Stichwörter im zweiten Teil erleichtern die Orientierung und geben Ihnen die Möglichkeit, zu einzelnen Themen und Sachverhalten die vertiefenden Informationen rasch und einfach zu finden.
- Im *zweiten Teil* werden einzelne Themen, Modelle und Instrumente vertieft behandelt und mit Beispielen und Praxistipps veranschaulicht. Die einzelnen Stichworte sind alphabetisch geordnet und werden jeweils auf einer Doppelseite erläutert – bei einigen Stichworten sind es zwei Doppelseiten. Hier helfen Ihnen die ▷ Querverweise dabei, die einzelnen Stichwörter zu vernetzen.

Auf der *Website* zur Buchreihe (www.versus-kompakt.ch) können Sie Formulare und Checklisten abrufen, downloaden und ausdrucken, um sie in der Praxis verwenden zu können. Hier finden Sie zudem Lösungsvorschläge zu den Fallstudien.

Folgende Symbole helfen Ihnen, sich im Buch zurechtzufinden:

Bei der Lupe finden Sie vertiefende Texte. Dies können Beispiele, Exkurse, Regeln, Übungen oder Interviews sein.

Bei der Glühbirne finden Sie Praxistipps, die Ihnen dabei helfen, das Gelesene umzusetzen.

Beim aufgeschlagenen Buch finden Sie weiterführende Literaturtipps und -empfehlungen sowie Weblinks.

Jens Martignoni

Das Geld neu erfinden

Alternative Währungen verstehen und nutzen

Grundlagen, Konzepte, Experimente, erfolgreiche Beispiele

Versus · Zürich

Vorwort

Der großen Banken- und Finanzkrise von 2007/2008 kann zumindest ein positiver Aspekt abgewonnen werden: Es ist jetzt offensichtlich, dass das existierende globale Geldsystem grundlegende Probleme aufweist. Die Vermutung bestätigt sich, dass die Gestaltung des Geldwesens eine gemeinschaftliche, öffentliche Sache sein muss, weil der Staat und somit wir alle als BürgerInnen und Steuerzahlende letztendlich für die Fehler der Banken aufkommen. Sichtbar geworden ist auch, dass Struktur und Gestaltung von Geldsystem und Währung entscheidend Einfluss auf die Funktion unserer Wirtschaft nehmen.

Erste Reaktion auf die Krise war ein lauter Ruf nach stärkerer Regulierung und verbesserten oder verschärften Bestimmungen für das Bankwesen, um das Problem zu lösen. Die entsprechenden Maßnahmen wurden seither getroffen und auch umgesetzt. Doch konnten damit menschenverachtende Machenschaften, enorme Instabilitäten und die andauernde Bedrohung eines Zusammenbruchs von Banken und Geldsystem substantiell gelöst werden? Leider sieht es nicht danach aus, denn die Skandale, Pleiten und Katastrophen sind in dichter Folge weitergegangen: Libor-Skandal (Manipulation des Libor-Zinssatzes durch Großbanken), laufende Aufdeckungen von Geldwäscherei durch Großbanken (z.B. UBS, Deutsche Bank, HBSC), Betrug und Abzockerei von Bankmitarbeitenden bis zur obersten Etage, Panama-Papers und unzählige Briefkastenfirmen in weiterhin existierenden «Steuerparadisen» etc. Auch werden durch das sogenannte «Quantitative Easing» von den Zentralbanken weiter unglaubliche Geldmengen erzeugt und dazu verwendet, angebliche Verluste derjenigen zu ersetzen, die das Desaster mitverursacht haben. Eigentlich müsste man beim Thema Geld ein massives Versagen unserer Rechtsordnung feststellen und den Alarmzustand ausrufen, doch es wird weiterhin so getan, als ob man alle Probleme im Griff habe. Glaubwürdig wirkt das schon lange nicht mehr.

Entsprechend ist das Vertrauen in das bestehende Geldsystem und seine Verwalter, die Banken, bei vielen Menschen stark erschüttert. Naheliegend, dass die Frage auftaucht, ob es nicht noch ganz andere Geld- und Währungsmodelle geben könnte. Solche, die außerhalb des Bestehenden wieder ein festes Fundament für eine nachhaltige und zukunftsfähige Wirtschaft bilden könnten. Trotz der sichtbar gewordenen Fehler scheint diese Idee vielen Menschen aber zuerst einmal recht abwegig zu sein, denn nach wie vor wird das Phänomen Geld beinahe als gegebenes Naturphänomen gewertet und damit als nicht veränderbar hingenommen. Das aktuelle Geldsystem und seine Währungen werden nicht als eine vom Menschen erschaffene Institution erkannt. Das erinnert an die Zeit vor der französischen Revolution: Auch das Königtum wurde als unverrückbare, gottgegebene Tatsache behandelt und eine Neugestaltung des Staatswesens lag für viele Menschen außerhalb ihrer Vorstellung.

- Ein erster Schritt ist die Erkenntnis, dass das Geldsystem von Menschen und ihren Interessen geschaffen wurde und deshalb veränderbar ist.
- In einem zweiten Schritt können bessere Alternativen entwickelt werden.

Doch: Gibt es überhaupt Alternativen und sind diese besser als das bestehende System?

- Die gute Antwort ist: Ja, es gibt sie, und zwar schon sehr lange und zugleich entstehen auch laufend neue!
- Die etwas nüchterne Antwort ist: Die Alternativen sind bisher kaum bekannt und ihre Entwicklung steckt noch in den Anfängen. Was sich jedoch bereits abzeichnet: Die Lösung wird nicht in Form einer neuen Währung erscheinen, die alle Probleme beseitigt, sondern die Zukunft wird einer Vielzahl von spezifischen, lokalen, themenbezogenen und an die Gegebenheiten angepassten Währungen gehören. Der Club of Rome hat dazu bereits im Jahre 2012 einen fundierten Bericht «Money and Sustainability» herausgegeben. Darin wird aufgezeigt, dass ein weltweites Geld- oder Währungssystem vor allem auch «resilient», also robust gegen Krisen und widerstandsfähig gegen «Finanzkrankheiten» sein muss, um eine nachhaltige Wirtschaft zu ermöglichen und dass dies besser durch eine Vielfalt unterschiedlicher Währungen gewährleistet werden kann.

Das vorliegende Buch will einen Beitrag leisten zum besseren Verständnis eines der wichtigsten Steuerungssysteme unserer Gesellschaft. Denn es ist das Geldsystem und es sind die Währungen, welche einen Großteil unseres Zusammenlebens regeln. Ihre Gestaltung nimmt entscheidend Einfluss auf unser Verhalten, unsere Wünsche und Bedürfnisse und nicht zuletzt auf die Machtverhältnisse. Es soll das Buch auch Gedankenanstöße geben, wie das bestehende, ressourcenvernichtende, ungerechte Geldsystem durch bessere und gerechtere Währungen ersetzt werden kann.

Die wichtigsten Konzepte, Methoden und Beispiele, wie neu entwickelte, gemeinschaftstaugliche und in sich stabile Währungen aussehen, werden in diesem Buch vorgestellt. Sie umfassen einen dynamischen Bereich, in dem fast täglich neue spannende Ansätze entstehen: Alternative Währungen, die besser sind als die bestehenden und die konstruktive und friedliche Zusammenarbeit *aller* Menschen fördern, sind damit ein entscheidender Beitrag zu einer gerechteren und nachhaltigeren Zukunft.

Wald und Zürich, im August 2017 Jens Martignoni

Ich bedanke mich für die Unterstützung der Buchpublikation ganz herzlich bei:

- Schweizer Reisekasse (Reka) Genossenschaft, Bern
- WIR Bank Genossenschaft, Basel
- Verein und Genossenschaft Netz Soziale Ökonomie Basel

This work has been partially supported by the EU project netCommons, H2020-ICT-2015 # 688768

Inhaltsverzeichnis

Geld und Währungen im Überblick

Geld und Währungen von A bis Z

Geld und Währungen: Anhang

Geld und Währungen im Überblick

1 Einleitung

Aktuell entsteht in fast allen Teilen der Welt gerade eine unglaubliche Vielzahl von neuen Währungsformen und Geldsystemen. Von Tauschkreisen und Regionalwährungen im deutschsprachigen Raum über Währungen für Slumbewohner in Afrika und Lateinamerika zu eigenen Stadtwährungen in England oder Belohnungswährungen für umweltgerechtes Verhalten in den Benelux-Staaten bis zu internationalen, internetbasierten Währungen: Es gibt (fast) nichts, was es nicht gibt. Nach eigenen Schätzung sind im Moment weltweit gegen 10 000 Systeme in Gründung oder in Betrieb, davon etwa 400 bis 500 im deutschsprachigen Raum. Diese Währungen werden unter Sammelbegriffen wie Komplementärwährungen, Gemeinschaftswährungen, Regionalwährungen zusammengefasst, wobei auch laufend neue Begriffe entstehen wie zum Beispiel Cryptocurrencies (Kryptowährungen).

Ich verwende hier den Überbegriff *alternative Währungen,* um zu betonen, dass es wirklich darum geht, bessere Alternativen zum herrschenden, aber leider in die Dekadenz gekommenen Geldsystem zu finden. Alternativen in Form einer Vielzahl von Währungsexperimenten helfen uns dabei, ein neues Denken über Geld und seine Rolle in unserer Gesellschaft einzuüben.

Auch die Wissenschaft beginnt, sich stärker mit dem Phänomen neuer Währungen auseinanderzusetzen und in den Medien findet sich immer öfter Berichte zum Beispiel über Bitcoin oder andere Formen von neuen Zahlungsmitteln. Trotzdem sind alternative Währungen immer noch ein Pioniergebiet, wo vieles in Bewegung ist und noch wenig Übersicht vorhanden ist. Das Anliegen dieses kompakten Bandes ist es deshalb, in einfacher und knapper Form Grundlagen darzulegen und aufzuzeigen, wo und wie die aktuelle Diskussion und Entwicklung auf dem Gebiet der alternativen Währungen angekommen ist. Es soll die Leserinnen und Leser befähigen, sich zu orientieren, mitzureden und auch mitzutun, indem sie selbst solche Währungen nutzen oder sich an neuen Konzepten beteiligen. Zur Vertiefung können die vielen weiterführenden Hinweise, Links und Literaturangaben genutzt werden.

2 Woran ist «ein Geld» zu erkennen?

Üblicherweise wird bei einer vertieften Beschäftigung mit Geld zuerst gefragt: *Was ist Geld?* Diese Frage nach Ursprung und Wesen des Geldes haben schon viele Wissenschaftler, Philosophen und Finanzmenschen zu beantworten versucht. Sie gilt bis jetzt nicht wirklich als gelöst, vielmehr wird weiterhin vom «Rätsel Geld» gesprochen (siehe Abschnitt 2.2 und Gebauer 2004, S. 1). Dieses Herangehen kann aber schnell in die Irre führen, denn mit einer «Was ist»-Frage gerät man in Versuchung, Geld als eine Art Naturgesetz oder Phänomen beschreibend erfassen zu wollen. Eine zielführendere Frage, wenn wir uns mit Alternativen beschäftigen wollen, ist: Woran ist «ein Geld» zu erkennen? Damit gehen wir von der tatsächlichen Situation aus, dass Gelder in ganz vielen Formen von Menschen geschaffen worden sind und auch so wahrgenommen werden können. Um auf die obige Titelfrage eine befriedigende Antwort geben zu können, braucht es trotzdem viele Grundlagen. Wir werden in den nächsten Abschnitten deshalb die historischen Wurzeln von Geld, die wichtigsten wissenschaftlichen Ansätze sowie weitere Grundbegriffe genauer beleuchten.

Zuerst gehen wir jedoch von unserem Alltag aus, wo Geld an und für sich eine einfache Sache zu sein scheint – wenn man es hat …

2.1 Geld im Alltag

Das Sparschwein als Sinnbild eines guten Umgangs mit Geld?

Geld in allen Formen hat schon länger alle Gesellschaftsschichten und alle Lebensbereiche gründlich durchdrungen. Mindestens einmal täglich bezahlt ein durchschnittlicher Mensch in Westeuropa mit Geld in verschiedensten Formen, zum Beispiel in Deutschland 1,36 Mal pro Tag, davon 79% der Transaktionen mit Bargeld (Bundesbank 2014). Auch als Gesprächsgegenstand stehen Geldthemen täglich mehrfach im Zentrum: Geredet wird über zu hohe Preise, wo die Schnäppchenpreise zu finden sind, steigende Wohnungskosten,

Reichtum anderer, fehlendes Geld, um unsere Wünsche zu verwirklichen, Aktienkurse, Gewinnaussichten im Lotto, Steuern sparen, mehr Taschengeld etc. Geld ist auch sonst aus unserem Alltag nicht wegzudenken.

Es gibt nun verschiedene Sichtweisen auf Geld. Während die einen es ganz praktisch als eine Art singulären Rohstoff sehen, den man sich beschaffen muss, um ihn gegen alles Gewünschte einzutauschen, sehen andere es mehr als fließendes Glück, das vor allem den Tüchtigen zufließt. Einige betonen die Seite des Ausgebens, womit man etwas bewirken kann, andere sind davon überzeugt, dass nur gespartes Geld auch gutes Geld ist. Bei den Diskussionen unter Politikern ist diese Polarität besonders häufig zu beobachten. Generell neigen wir dazu, die Erfahrung und Sicht des Einzelnen als richtigen Maßstab für den generellen Umgang mit Geld anzunehmen. Außerdem wird Geld fast immer nur singulär als *das* Geld, das heißt die jeweilige Landeswährung gesehen. Diese Privatsicht auf Geld reflektiert sich auch in einigen allgemein anerkannten, hier etwas zugespitzt dargestellten «Volksweisheiten»:

Herkömmliches Geldverständnis

Privatsicht: Bürgerliche Leitsätze für den Umgang mit Geld

1. Zuerst muss man Geld einnehmen, bevor man es ausgeben kann.
2. Nur so viel Geld, wie man eingenommen hat, kann man auch wieder ausgeben.
3. Es ist gut, möglichst viel Geld einzunehmen.
4. Es ist gut, möglichst wenig Geld auszugeben.
5. Es ist gut, möglichst viel Geld zu sparen.
6. Gespartes Geld sollte (sicher) investiert werden, damit es sich weiter vermehrt.
7. Es ist gut, ein möglichst großes Geldvermögen zu haben.
8. Es ist nicht gut, Schulden zu machen, und noch schlechter, Schulden zu haben.
9. Schulden müssen immer beglichen werden.

Diese Sicht ist nicht falsch, aber es ist eine sehr partikuläre und rein individualistische Sicht und findet da ein Ende, wo Geld als System in Erscheinung tritt und wo beispielsweise Armut, Inflation oder eine Bankenkrise entsteht. Die Privatsicht ist auch an anderen Stellen nicht angebracht. Für Unternehmen gelten die meisten dieser Prämissen nicht. Das Unternehmen gibt zum Beispiel zuerst Geld (aus seinem Eigenkapital oder einem Unternehmenskredit) aus, damit es etwas herstellen und anschließend verkaufen kann, verdient also erst danach das Geld.

Fazit: Nützliche Prämissen für Geld im Alltag gelten nicht für übergreifende Bereiche wie Unternehmen, Banken oder gar Staaten.

Je nach Situation kann dort auch das Gegenteil wahr sein. Bei Diskussionen über Geld muss deshalb immer zuerst geklärt werden, ob eine individuelle oder systembezogene Sichtweise anzuwenden ist, bevor über die Gültigkeit von Aussagen entschieden werden kann. Diese wichtige Erkenntnis kann uns im Weiteren helfen, den Ansatz der alternativen Währungen besser zu verstehen.

2.2 Geld als Rätsel

Geld hat sich heute dauerhaft und nachhaltig im Denken eingenistet und kann aus verschiedenen Erfahrungsperspektiven betrachtet werden, aber sein eigentliches Wesen scheint doch weiterhin verborgen.

Es tritt vielleicht verklärt in Erscheinung, aber ist es deswegen wirklich ein Rätsel? Es ist zum Beispiel auch nicht notwendig, dass ein Autofahrer die Grundlagen und Prinzipien seines Ottomotors versteht, um gut Autofahren zu können. Allerdings ist die Voraussetzung dafür, dass andere, nämlich die Wissenschaftler und Ingenieure des Fahrzeugbauers, dafür umso mehr davon verstehen und das Verbrennungsprinzip und weitere Grundlagen wirklich durchschaut haben. In Bezug auf Geld ist jedoch bei der zuständigen Wissenschaft, der Ökonomik (früher auch als Nationalökonomie bezeichnet), bis heute nicht geklärt, ob sie nun Geld versteht oder nicht.

Hajo Riese (1998, S. 45) schreibt in seinem Artikel «Geld: Das letzte Rätsel der Nationalökonomie»: «Die Behauptung, dass die Nationalökonomie bis zum heutigen Tag nicht weiß, was Geld ist, muss im ersten Moment überraschen: Geld gehört offensichtlich in den Aufgabenbereich der Nationalökonomie, gehört sogar zu den wichtigen Topoi der Wissenschaft. Dennoch stimmt die Behauptung. Denn es ist gängige Praxis der scientific community seit altersher, dass sie irgendetwas als Geld definiert, das dann ihren wissenschaftlichen Überlegungen den jeweils angemessenen Rahmen liefert.»

Die Erkenntnisschwierigkeit, was das Geld betrifft, ist umso schlimmer, als dass sie auch nicht als zentrale zu lösende Aufgabe wahrgenommen wird. Stattdessen werden in den Lehrbüchern der Volkswirtschaft bis heute immer wieder «Mythen und Märchen» zur Erklärung des Geldes verwendet, die zum größten Teil durch andere Wissenschaften, wie Ethnologie oder Historik, aber auch durch Wirtschaftswissenschaftler, die nicht als anerkannt gelten oder nicht den «Mainstream» repräsentieren, schon längst widerlegt worden sind. Was hingegen wirklich ein Rätsel ist, das auch im Geld zu Hause ist, ist das Rätsel des menschlichen Verhaltens, das durch unsere mangelhafte individuelle wie kollektive Selbsterkenntnis bis heute bestehen bleibt.

In den letzten Jahren hat sich die Situation nun insofern verbessert, als dass eine zunehmende Zahl von Menschen, sowohl aus der Praxis als auch im Umfeld der Wissenschaften, die zentrale Rolle der Geldgestaltung in unserer Gesellschaft entdeckt haben. Es erscheinen nun häufiger kritische Artikel und Bücher und es werden auch vermehrt praktische Experimente gestartet, die sich um Geld als Wirtschaftsgrundlage drehen. Beide Bestrebungen ergänzen sich und bilden zusammen die Basis eines neuen Geldverständnisses, das dabei ist sich zu entwickeln. Es geht darum, dem Geld stufenweise seine Rätselhaftigkeit wegnehmen und es stärker in den Dienst der menschlichen Gemeinschaft zu stellen. Eine erste Verpackung des «Rätsels» lässt sich schon mit einem Blick auf die Vergangenheit öffnen.

2.3 Historische Wurzeln von Geld

Es gibt in vielen ökonomischen Standardwerken einen kurzen Abriss über die historischen Wurzeln und den Ursprung von Geld. Meistens werden dazu weit zurückliegende Zeitalter oder Ergebnisse aus der ethnologischen oder soziologischen Forschung zu sogenannt ursprünglichen Gesellschaften herangezogen. Häufig wird daraus dann versucht, eine Definition des Geldes an sich zu finden. Dies ist etwas seltsam, denn gerade aus der historischen Vielfalt heraus wird ersichtlich, dass auch Geld ein Phänomen der Vielfalt ist, das heißt eben als bestimmte Währungen auftritt. Ein Grund, der die Forschung erschwert oder die Überlegungen irreführt, ist, dass aus der Vergangenheit häufig nur die materiellen Anteile von Geldsystemen, also Münzen oder Naturalgeldrelikte, vorhanden sind. Dies hat zu einer übermäßigen Gewichtung des materialistischen Aspektes «Geld als Tauschmittel» und zu einseitigen Vorstellungen über Geld geführt.

Die neuere Forschung findet eine Mehrzahl von Ursprüngen, die sich nach Zeit und Region herausgebildet haben, teilweise verschwunden sind oder vielleicht in späteren Kulturen wieder auftauchten. Wesentlich ist, dass Währungen eine menschliche Erfindung sind, die, wie beispielsweise auch das Rad, in der Zeit weiterentwickelt wurden und in verschiedenen Ausformungen jeweils zu Tage treten. David Graeber sieht in seiner längeren Einleitung zum Buch «Schulden» (Graeber 2014, S. 31–92) die beiden Herkünfte «Geld als Waren» und «Geld als Schulden». Die Hauptlinien der Entwicklung können auch drei Gebieten zugeordnet werden, die sich mit dem Grad des Vertrauens und der Stabilität in der jeweiligen Gesellschaft oder Kultur decken. Christina von Braun zum Beispiel teilt den Geldursprung in folgende, eng verknüpfte «Ursprünge» ein (vgl. von Braun 2014, S. 19):

- Ursprung materieller Wert (Boden, Naturalien, Gold etc.)
- Ursprung Zeichen oder Beglaubigung von Guthaben oder Schulden (Papier/Aufzeichnung mit Garantie durch Herrscher oder Gemeinschaft)
- Ursprung Opfer (Tempeldienst, Schenkung etc.)

Hier wird angelehnt daran und auf dem Hintergrund eigener Forschungsarbeiten (Martignoni 2012) die folgende vereinfachte, dreiteilige historische Herleitung verwendet:

1. *Geld als Gabe und Anerkennungsmittel* hat seinen Ursprung in der Gabe für Gott/die Götter, die Ahnen aber auch die Mitglieder der Gemeinschaft. Vor allem bei Grabbeigaben wurden immer wieder «standardisierte» Gegenstände mit symbolischem Charakter verwendet. Beim Opfer wird eine Schuld (im ursprünglichen Sinne positiv als Verpflichtung gemeint) des Menschen gegenüber den Göttern und den Vorfahren vorausgesetzt. Hier wird keine direkt erkennbare «Gegenleistung» erbracht, sondern eine Schenkung an das Ganze, ans Universum gemacht. Indem die Bedürfnisse des Ganzen, des Übergeordneten oder der Götter anerkannt werden, bedenkt dieses auch den oder die Schenkende mit Wohlwollen. Das Maß dieses Wohlwollens wurde von den Priestern durch eine Rangfolge der Gaben, wie Opfertiere, Schmuck, Wein, bestimmt. «Im Laufe eines längeren Prozesses traten an die Stelle des realen Opfers (Opfertiers) auch Symbole – in Form einer Münze, auf der das Opfer oder Opferwerkzeuge dargestellt wurden», schreibt Christina von Braun in ihrer Kulturgeschichte des Geldes (2014, S. 19). Damit zusammen hängt eine grundlegende soziale Funktion in ursprünglichen Gemein-

schaften, die Marcel Mauss als «Die Pflicht des Gebens und die Pflicht des Nehmens» bezeichnet (Mauss 1968, S. 36ff.). Der Geldbegriff aus dieser Quelle stellte damit primär einen Maßstab für Wertschätzung und Anerkennung respektive Verpflichtung dar. Verkürzt kann hier das Vertrauen in eine intuitive Gemeinschaft oder höhere Macht als Grundlage zugeordnet werden.

2. *Geld als Verwaltungsmittel* hat seine Ursprünge zum Beispiel in der Verwaltung der Kornvorräte im alten Mesopotamien, wo auf Keilschrifttafeln genau registriert wurde, wer, wann, wieviel Korn geliefert hatte und welche Rechte er allenfalls auf späteren Bezug der Vorräte besaß. Darauf gründet auch die Funktion, die später als «Wertaufbewahrungsmittel» bezeichnet wurde, jedoch eigentlich die zeitliche Verschiebung zwischen Ernte und Verbrauch darstellt und die Notwendigkeit einer Buchhaltung begründet. Hier lässt sich das Vertrauen in eine zentrale Verwaltung oder in die rationale Gemeinschaft als Grundlage des Geldes zuordnen.

3. *Geld als Zahlungsmittel* wurde vor allem von Händlern, Soldaten und Eroberern als bevorzugte Form begriffen. Sie lebten in unsteten, kriegerischen Gesellschaften, wo Vertrauen häufig durch Missbrauch und Unterdrückung zerstört wurde, oder mussten große Entfernungen überbrücken und kamen an Orte, wo sie kein zweites Mal hinkommen würden. Deshalb war der Eigenwert des Geldes und seine materielle Dauerhaftigkeit umso maßgebender: Eine Eigenschaft, die Edelmetalle am besten erfüllen können. Diese Form beruht am stärksten auf einem Vertrauen in die Materie, impliziert damit einen Wert des Geldes an sich und führt dazu, eine Funktion «Tauschmittel» für das Geld zu postulieren.

Aureus, geprägt unter dem römischen Kaiser Hadrian (117–138 n.Chr.), Rom, 128 n.Chr.

Dieser grobe Überblick zur fernen Vergangenheit darf uns jetzt aber nicht verleiten, wieder *ein* Geld oder *das* Geld für heute zu postulieren, das einfach aus drei verschiedenen Wurzeln komme. Karl Elster schreibt dazu in Bezug auf das Wesen des Geldes: «Die geschichtliche Betrachtungsweise ist oft fruchtbar oder gar nicht selten ist sie schlechthin unentbehrlich; (…) Umso nachdrücklicher aber muss immer wieder von einer einseitig geschichtlichen Betrachtungsweise der Dinge gewarnt und so an die wichtige Tatsache erinnert werden, dass die Erscheinungen in ihren geschichtlichen Anfängen häufig völlig wesensanders sind, als in einem späteren Stadium ihrer Entwicklung; dass sie in ihren Namen und Attributen die gleichen geblieben sind und dennoch ihren Inhalt und Daseinsgrund verändert haben können.» (Elster 1923, S. 10)

Dieses Verständnis ist sehr wichtig, denn ohne eine Erklärung von Geld als dynamisches, aus einer Vielzahl von Formen bestehendes Phänomen können alternative Währungen überhaupt nicht erfasst werden. Das Rätsel löst sich also auch dadurch, dass wir eine Vielzahl von Möglichkeiten zulassen, was Geld denn sein kann.

Die neuere Geschichte von Geld und Währungen zeigt dies auch sehr gut auf. Unzählige Geldformen und Währungstypen sind bereits entstanden, zur Blüte gekommen und wieder verschwunden. Historisch gesehen gab es über Jahrtausende meistens parallel eine Vielzahl unterschiedlichster Währungen, die je nach Kontext auch «alternativ» angewendet werden konnten. Die heutige Situation der faktischen Alternativlosigkeit im Geldbereich ist erst Mitte des 19. Jahrhunderts entstanden, als immer mehr «Nationalwährungen» geschaffen wurden und das Geld und Bankenwesen weltweit schrittweise vereinheitlicht wurde. Ausgehend vom Modell der Bank of England wurden halbprivate Zentral- oder Nationalbanken als Herausgeber von Nationalen Währungen geschaffen. Ein wichtiger Schritt war später die Bretton-Woods-Konferenz 1944, wo noch während des Krieges eine neue internationale Währungsordnung mit dem Dollar als Leitwährung geschaffen wurde. In der Folge wurden die Weltbank und der internationale Währungsfonds gegründet und weitere Regelungen erlassen, die zu einer immer stärkeren Angleichung aller Währungen geführt haben. Bis 1971 war der Dollar nominell noch an Gold gebunden, was sich aber nur auf die Währungsverhältnisse zwischen den Zentralbanken bezog. «Binnenwirtschaftlich galt die Verpflichtung, Gold zu diesem Preis zu kaufen und zu verkaufen, seit Langem nicht mehr; sie wurde 1933 von Franklin D. Roosevelt aufgehoben.» (Baltensperger 2012, S. 273). Damit wurden im Wesentlichen die Verhältnisse bis heute festgelegt. Die Position des Dollars als Leitwährung wird zwar seit 2008 verstärkt in Frage gestellt, jedoch würde auch bei einem

Wechsel der Leitwährung zu einem anderen Land der Währungstyp genau der gleiche bleiben, zwar mit unterschiedlichsten Namen (Euro, Yen, Renminbi, Pfund, Franken, Rupie etc.), aber mit folgenden, übereinstimmenden Charakteristiken:

- Durch den jeweiligen Staat als gesetzliches Zahlungsmittel bestimmt und sanktioniert.
- Münz- und Banknotenmonopol beim Staat.
- Buchgeld durch eine Zentralbank nominell definierte Schuldwährung mit Zinsbelastung.
- Überwiegender Teil der Geldschöpfung ebenfalls als Schuldwährung mit Zinsbelastung durch private, vom Staat lizenzierte Geschäftsbanken.
- Staaten müssen wie Private ihre eigene Währung bei Privatbanken aufnehmen und diesen dafür Zinsen zahlen.
- Unbegrenzte Währungsschöpfung ist möglich und wird heute auch praktiziert.
- Spekulation durch Kauf und Verkauf beliebiger Quantitäten der Währung zu jeder Zeit ist nicht begrenzt.
- Eingebaute exponentielle Wachstumsfunktion durch Zinseffekte wird durch keinerlei Maßnahmen kompensiert oder korrigiert.

Der Begriff *Nationalwährung* (der im Falle des Euro wohl Supranationalwährung heißen müsste), wird hier synonym verwendet mit *staatlicher Währung, gesetzlichem Zahlungsmittel* oder *Landeswährung.*

Erst seitdem dieses weltweite System zum faktischen Monopol geworden ist, konnten alternative Währungen überhaupt als Phänomen erscheinen. Sie wollen Alternativen bieten zur herrschenden Eingleisigkeit, sei es durch Füllen von Lücken, die das globale System erzeugt (Komplementärwährungen), durch partiellen Ersatz der globalen Währung in bestimmten Gebieten oder Sektoren (Regionalwährungen, sektorielle Währungen, parallele Währungen) oder sei es durch komplette Substitution bei Versagen der globalen Währung in Notsituationen (vgl. Abschnitt 6.4 «Alternativen aus der Not 1914–1949», Seite 60). Im Kapitel 6 werden dazu viele Beispiele angeführt. Eine Übersicht über die alternativen Geldkonzepte gibt auch die Tabelle im Anhang auf Seite 190.

2.4 Gesetzliche Zahlungsmittel

Im Laufe der Währungsgeschichte waren die Währungen meist eng mit dem politischen System verknüpft. Die entscheidende Idee, den Kopf des amtierenden Herrschers auf die Münzen zu prägen, stammte vermutlich von den Persern, die die Münzen des lydischen Reiches von Kroisos (Krösus), das sie erobert hatten, in dieser Richtung «verbesserten». So konnte der Herrschaftsanspruch des Großkönigs auch auf wirtschaftliche Vorgänge ausgedehnt werden (vgl. Kampmann 2005, S. 27). Die politischen Machthaber versuchten, die jeweils gültige Währung in ihrem Machtbereich auch mittels Gesetzen unter Kontrolle zu halten. Dies gelang nicht immer, denn Währungsgesetze sind eigentlich nur Rahmengesetze und häufig wich das Volk auf andere Währungen aus, besonders wenn die eigene Währung durch Missmanagement und unverständliche Beschränkungen gekennzeichnet war. Die Herrscher und Fürsten gingen dagegen an, indem sie offizielle Zahlungen – wie Steuern – nur in ihrer eigenen Währung zuließen, andere Währungen im Gebrauch verboten oder den Kurs von Fremdwährungen künstlich niedrig hielten. Die Maßnahmen waren meist von geringem Erfolg begleitet, wenn das Vertrauen in eine Währung (und den entsprechenden Herrscher) einmal gesunken war. Dennoch hat die Idee der Einheit von Staat und Währung von Anfang an Eingang in die Nationalstaaten unserer Zeit gefunden. Der Begriff gesetzliche Zahlungsmittel (engl. legal tender) ist durch nationale Gesetze geregelt. Sie haben jedoch juristisch sehr viel mehr Spielraum, als wir gemeinhin meinen. So kann jemand in der Schweiz beispielsweise ohne weiteres sein Haus ganz legal gegen Goldbarren oder Euro statt gegen Franken verkaufen und den Kauf rechtlich eintragen lassen (vgl. Baumberger 2016, S. 1).

2.5 Geldlegenden

Seit langem spielen gesellschaftlich akzeptierte, aber wissenschaftlich nicht haltbare Grundvorstellungen eine wichtige Rolle beim Verständnis von Geld. Es handelt sich dabei um Geschichten, die zwar eine fast absolute Realitätsnähe und Kalkulierbarkeit von Geld behaupten, aber auch erstaunlich große Defizite an Logik und Schlüssigkeit aufweisen. Dennoch dominieren sie viele Vorstellungen über Geld. Ich möchte diese Geschichten als *Geldlegenden* bezeichnen, Wie alle Legenden enthalten sie auch einen Kern der Wahrheit, werden aber häufig dazu verwendet, um ein kritisches Verständnis über Geldphänomene zu verhindern und bestimmte negative Ausprägungen der Geldgesellschaft zu rechtfertigen. Drei bekannte Beispiele werden hier kurz beleuchtet:

1. Reich werden durch Anziehen von Geld (Denk dich reich).
2. Reich sein durch Aufstapeln von Geld (Dagobert Duck).
3. Reich bleiben durch Ausschalten aller anderen (Monopoly).

Reich werden (Denk dich reich)

Eine der stärksten Legenden, ein eigentlicher Mythos der heutigen, besonders der amerikanischen Kultur besagt, dass Geld erstens Reichtum an sich sei und zweitens durch die Macht positiven Denkens persönlich zu erlangen sei. Bücher wie «Denke nach und werde reich» von Napoleon Hill, «Bete und Werde reich» von Catherine Ponder oder weitere in Europa unter Esoterik verlegte Bücher, die aber in Millionenauflagen erschienen, suggerieren eine persönliche Anziehungskraft für Geld, die auf dem eigenen Denken beruhen. «Wie der Mensch denkt, so ist er» (Hiob 22,28) wird dabei häufig zitiert und das Rezept lautet dann etwas vereinfacht: Reichtum denken und mit aller Kraft wollen, macht auch reich. Dabei werden handfeste Erfolgsrezepte einer kriegerischen Konkurrenz und zur Plünderung der Erde gegeben: «Wir alle, die wir uns im Wettlauf um die Reichtümer dieser Erde befinden, sollten stets bedenken, dass die wandlungsreiche Welt, in der wir leben, immer neue Ideen, neue Techniken, neue Führungskräfte, neue Erfindungen, neue Unterrichtsmethoden, neue Absatzmärkte, […] fordert. Um hier Erfolg zu haben, genügt aber nicht nur das Wissen um alle diese Erfordernisse, wir bedürfen dazu auch des *unbeugsamen Willens,* sie zu erfüllen, und des brennenden Verlangens, die daraus erwachsenden Früchte des Reichtums zu ernten.» (Hill 1973, S. 37). Wer also nicht erfolgreich ist und, das wird dann gleichgesetzt, auch kein Geld hat, der denkt einfach falsch, ist einfach individuell selbst schuld, dass er kein Geld hat. Systemische Zusammenhänge oder gar gesellschaftliche Fehlleistungen verschwinden. Was früher das Glück des Tüchtigen war, ist heute der richtige Glaube an Geld und an den Reichtum. Ebenfalls dazu gehören neuere Werke, wie zum Beispiel von Tony Robbins «Money – Die 7 einfachen Schritte zur finanziellen Freiheit», die das Spekulieren und individuelle Freiheit propagieren. Nicht weiter erstaunlich ist diese Legende besonders stark bei reichen Menschen und bei Gewinnern der neoliberalen Wirtschaftspolitik verankert.

Reich sein (Dagobert Duck)

Eine weitere Legende, die uns schon im Kindesalter begegnet, ist die des reichen Mannes, der alles Geld spart und damit seine Truhen, Kassen oder eben, wie Dagobert Duck, ganze Geldspeicher füllt. Dagobert will nur einnehmen und nicht ausgeben und will der reichste Mann der Welt sein, dafür hat er einen unendlichen Geiz entwickelt und rafft immer mehr zusammen. Seltsamerweise wird seine «Vision» aber nie zu Ende gedacht und ist auch nach Tausenden von Comics noch auf demselben Stand. Was wäre, wenn er sein Ziel erreichen würde? Was wäre, wenn er endlich *alles* Geld in seinen Geldspeichern einschließen könnte und niemand mehr je ihm seinen Platz streitig machen könnte? Sobald wir ans Ende kommen, wird es offensichtlich: Es müsste augenblicklich wieder neues Geld entstehen, sei es in Waren, wie Zigaretten oder Kaugummis, wie nach dem Weltkrieg, oder sei es als Zettel oder Marken oder Trueques, wie vor und vor allem während der Währungskrise in Argentinien. Geld ist nicht «das Ding an sich», das man einschließen kann (meist gedacht als Gold), sondern es repräsentiert das real existierende Wirtschaftspotenzial und wird dann relevant, wenn es ausgegeben wird. Dagoberts Geld ist also nur Geld, wenn er es ausgibt. So setzt er den Kreislauf aber wieder in Gange und ist gezwungen, es wieder und wieder einzusammeln. Durch seine massive Speicherung enthält er aber der Wirtschaft das meiste unerlässliche Geld vor. Es fließt nur in dünnen Rinnsalen aus seinen Speichern und so schafft er eine eigentliche Wirtschaftswüste mit Armut und Not, was in den Comicgeschichten leider nie dargestellt wird. Statt Dagobert als Volksschädling zu entlarven, wird er als spleenig alter Querkopf dargestellt, den man weiter gewähren lassen kann. Geldhortung wird als Privatsache dargestellt anstatt als systemische Katastrophe. Bis heute ist dieser Mythos ungebrochen: Wie viel Geld jemand auch immer anhäuft, es geht die anderen nichts an, ja er wird sogar dafür bewundert. Dies ist leider eine der größten Denkfehlleistungen unserer Zeit und es sieht nicht danach aus, als ob sie bald korrigiert würde.

Reich bleiben (Monopoly)

Das bekannteste Gesellschaftsspiel der Welt, das Monopoly, wurde eigentlich erfunden, um die drastischen Auswirkungen von monopolisiertem Landbesitz und die daraus folgende Verarmung der Massen aufzuzeigen. Elizabeth Magie-Phillips (1866–1948) hatte das Spiel *The Landlords Game* entwickelt, um eine Idee des Ökonomen Henry George zu illustrieren, der die Landbesitz-Monopole als Ursache von wirtschaftlichem Missstand und Armut ansah. Das Geld spielt dabei eine entscheidende Rolle.

In einer Spielvariante musste einer alles gewinnen, die anderen gehen bankrott. Wer es schafft, möglichst die teuersten und besten Landstücke zusammenzuraffen, gewinnt. Magies Ziel war, dass die Mitspielenden so die zerstörerische Kraft der Monopolbildung sehen können. Doch statt diese Idee zu begreifen, wurde das Spiel später von dem cleveren Geschäftsmann Charles Darrow und dem Verlag Parker Brothers genau darauf festgelegt, dass der Sieger alles nimmt. Damit setzte ein Siegeszug des jetzt *Monopoly* genannten Spiels über die ganze Welt an, es ist das meistverkaufte Spiel und im eigentlichen Sinne legendär. Die Eigentümer des Spiels setzten die eigene Erkenntnis ja auch vorbildlich um: Das Spiel wird durch Patente und Juristen in seinem Monopol geschützt und potenzielle Nachahmer werden rasch mit Prozessen bedroht.

Obwohl das Spiel den doppelt polarisierenden Zusammenhang zwischen Besitz und Geld auch in der heutigen Version vorbildlich aufzeigt, wird diese Erkenntnis nicht verstanden und noch weniger gelehrt, wie man sie vermeiden könnte:

- Wer Geld hat, kauft Besitz, wer Besitz hat, bekommt Geld (leistungslos).
- Wer kein Geld hat, kann keinen Besitz kaufen – wer keinen Besitz hat, bekommt kein Geld.

Dieser Widerspruch hat bereits viele kritische Neuinterpretationen des Spiels angestoßen. Seit einiger Zeit entstehen auch Spiele zu alternativen Währungen, wie zum Beispiel Planspiele (www.flexonomix.games).

3 Wissenschaftliche Grundlagen

Bis hierher habe ich versucht darzulegen, dass heute vielfach ein sehr rudimentäres Verständnis von Geld besteht. Leider kann uns auch die etablierte Wissenschaft nicht wirklich weiterhelfen, wenn wir ein Phänomen wie alternative Währungen fundiert erklären wollen. Diese kommen nämlich in volkswirtschaftlichen (makroökonomischen) Lehrbüchern zwischen 1945 und 2008 nicht vor und können auch nicht aus den jeweils gemachten Ausführungen hergeleitet werden. Auch davor gibt es nur wenige Erwähnungen, wie zum Beispiel Irwing Fishers Überlegungen zu Stamp Scrip (vgl. Fisher 1933). Dieses Manko über das Verständnis von Geld wurde bereits vor über hundert Jahren beklagt.

> «Man kann ohne Übertreibung behaupten, dass noch in der Gegenwart viele, selbst der hervorragendsten Nationalökonomen ohne eine wirkliche, logisch durchdachte Theorie des Geldes dastehen, ein Umstand, welcher der modernen Diskussion auf diesem Gebiete selbstverständlich nicht besonders förderlich gewesen ist.»
>
> Knut Wicksell (1851–1926) schwedischer Nationalökonom
> (Wicksell 1898, S. III)

Insgesamt besteht bis heute nach wie vor in allen dominierenden Ansätzen der Wirtschaftswissenschaften die Tendenz, Geld vorauszusetzen und sich nicht mit den eigentlichen Grundlagen des Geldes und der Geldentstehung auseinanderzusetzen. Geld an sich bleibt also insofern ein Rätsel, weil es in der neueren Wissenschaft kaum je direkt adressiert wird. Damit können aber neu entstehende, sogar eigens geplante Geldsysteme nicht erfasst werden. Wir müssen also etwas tiefer in die eigentliche Geldtheorie einsteigen.

3.1 Theorien über Geld

Die grundlegenden Denker der Wirtschaftswissenschaften in der sogenannten Periode der Klassik, beginnend mit Adam Smith (1723–1790) über David Ricardo (1772–1823) einschließlich Karl Marx (1818–1883), befassten sich vorerst nur wenig mit dem Geld als eigenständigem Phänomen. Als wichtigste Grundlagen («Faktoren») der Wirtschaft wurde die Trilogie von Arbeit, Boden und

Kapital gesehen. Diese sind sodann über das Phänomen des Preises miteinander verknüpft. Dabei wird der Hintergrund eines Preises, nämlich sein unmittelbarer Ausdruck in Geld, das (in den allermeisten Fällen) für die Realisierung des Preises eingesetzt werden muss, wenig reflektiert. Häufig wird Geld nur als Tauschmittel gesehen, das zwar einen beachtlichen Nutzen durch Vereinfachung der Tauschvorgänge hat, an sich aber «neutral» respektive sogar «unbedeutend» sei.

John Stuart Mill um 1870

John Stuart Mill (1806–1873) drückt das folgendermaßen aus: «There can not, in short, be intrinsically a more insignificant thing, in the economy of society, than money; except in the character of a contrivance for sparing time and labor.» (Mill 2009, S. 341) (Es kann, in Kürze gesagt, kein unbedeutenderes Ding in der Wirtschaft sein, als das Geld; Außer in der Art einer Einrichtung, um Zeit und Arbeit zu ersparen.)

Die Neoklassik, die ab Mitte des 19. bis Anfang des 20. Jahrhunderts das ökonomische Denken dominierte, übernahm diese Grundlage. Geld wurde grundsätzlich vorausgesetzt und weiterhin hauptsächlich als Ware gesehen. Die große Denkarbeit wurde stattdessen in die Theorie des Grenznutzens und in die Mathematisierung der Ökonomik gesteckt. Es gab schon andere Denkrichtungen, besonders in Deutschland (mit Georg Friedrich Knapp und Friedrich Bendixen), doch diese setzten sich nicht durch.

Erst mit John Meynard Keynes kamen wieder andere Vorstellungen in die Mainstream-Ökonomie. Keynes unterscheidet klar zwischen Geld als Rechnungseinheit und Geld als Ding (Keynes 2006, S. 3) und entwirft einen ganzen Stammbaum der Geldformen mit etwa 25 Begriffen, anhand derer Geld sich zu verschiedenen Geldarten wandeln kann (Keynes 2006, S. 7–9). Aus dieser und weiteren scharfsichtigen Beobachtungen kommt er auch zur Forderung für eine internationale Standardwährung (▷ Weltwährung/globale Referenzwährung) mit einem wirtschaftlichen Ausgleichssystem (vgl. Keynes 1989). Allerdings beschäftigt er sich später nicht mehr weiter mit den Voraussetzungen und bleibt uns so die Antwort nach dem Wesen des Geldes schuldig.

Eine gute Übersicht zu den theoretischen Ansätzen der Ökonomik bietet Hardorp in seiner Dissertation von 1958 (Hardorp 2009, S. 51):

1. Geld ist diejenige Ware, die Geldfunktionen erfüllt (Warentheorie).
2. Die Funktionen selber machen Geld aus (definitorische Zeichentheorie).
3. Geld soll aus den Geldvorgängen selbst verstanden werden (deskriptive Zeichentheorie).

Dabei geht die Warentheorie davon aus, dass Geld letztendlich an eine tauschbare Ware gebunden oder davon «gedeckt» sein muss. Dieses Verständnis war über viele Jahre vorherrschend und drückte sich am stärksten in der Edelmetallbindung der Währungen aus (Gold- und Silberstandard). Auch heute wird in der Politik häufig mit dieser Vorstellung von Geld argumentiert. Typischer Vertreter dieser Auffassung war zum Beispiel Carl Menger (1840–1921), aber auch Silvio Gesell (1862–1930) gehört dazu.

Die Verfechter einer definitorischen Zeichentheorie oder einfach Zeichentheorie (Schumpeter 1971, S. 42f.) gehen demgegenüber davon aus, dass Geld als Symbol der Kaufkraft ein Mittel zu sachlichem oder gedanklichem Wertausgleich ist. Geld wird also damit hauptsächlich als Anspruch (oder Wechsel) definiert, der selbst keinen Wert an sich hat. Typische Vertreter dieser Auffassung sind zum Beispiel Knut Wicksell, Ludwig von Mises, Eduard Lukas oder Paul A. Samuelson, der Autor eines heutigen Standard-Lehrbuchs für Volkswirtschaft.

Die dritte Richtung, die der deskriptiven Zeichentheorie, geht mit ihrer Auffassung in wichtigen Punkten darüber hinaus. Die sozialen Beziehungen der Geldnutzenden und damit die Legitimation werden stärker gewichtet. Bezeichnend für diese Ansicht ist G.F. Knapp, der in seiner «Staatlichen Theorie des Geldes» im ersten Satz sagt: «Geld ist ein Geschöpf der Rechtsordnung.» (Knapp 1905, S. 1) Damit wird das zentrale Element des «Anrechts» eingeführt, das später Karl Elster stark ausgearbeitet hat. Er verwendet den weniger juristisch klingenden Titel «Beteiligungsmöglichkeit»: «Die Beteiligungsmöglichkeit am Sozialprodukt ist die von der Gemeinschaftsorganisation ihrem einzelnen Mitgliede gewährte Gegenleistung für seine Mitarbeit am Sozialprodukt.» (Elster 1923, S. 46) Er erweitert diese Sicht zusätzlich um eine statisch-dynamische Polarität: «Das Geld ist, aus dem sozialökonomischen Blickwinkel heraus gesehen, sowohl Beteiligungsmöglichkeit (…) im Zustand der Ruhe, Zahlungsmittel in dem der Bewegung.» (Elster 1923, S. 36) Weitere Autoren dieser Auffassung sind gemäß Hardorp zum Beispiel Ernst Friedrich Wagemann oder Friedrich Bendixen. Eine treffende Bezeichnung für diese Denkweise liefert die Soziologie, zum Beispiel Niklas Luhmann, der sagt, «Geld muss zunächst und vor allem als Medium der Kommunikation behandelt werden.» (Luhmann 1994, S. 230) Vielleicht am weitesten in diese Richtung geht Karl Heinz Brodbeck mit seiner über 1000 Seiten umfassenden Analyse «Die Herrschaft des Geldes»: «Die menschliche Gesellschaft wird hergestellt und reproduziert als ein Prozess der Bedeutung, (…) seine wichtigsten historischen Formen sind die Vergesellschaftung durch Sprache und Geld.» (Brodbeck 2012, S. 871) Ich spreche im Weiteren von dieser Richtung als Kommunikationstheorie.

Hardorp versucht anschließend, ein neues, nochmals erweitertes Geldverständnis herzuleiten, das er mit folgender Umschreibung abschließt: «Unter ‹*Geld*› können jene verschiedenartig dokumentierbaren sozialen Akte verstanden werden, die sich auf Einordnung in den Produktions- und Verteilungsstrom eines Sozialen Organismus beziehen, ohne selber konsumtive Befriedigung zu gewähren.» (Hardorp 2009, S. 169)

Diese Auffassung wäre nun in eine vierte und vielleicht neuste Richtung der Geldtheorien einzuordnen, deren Grundzüge auch in diesem Buch vertreten werden:

4. Geld kann als ordnende Funktion der wirtschaftlichen Vorgänge, als Idee oder Institution höherer Ordnung verstanden werden, die implizit und explizit koordinierend wirkt. Dies wird hier von mir unter dem Begriff *Koordinationstheorie* zusammengefasst (in Anlehnung an die aus der Prozessperspektive formulierte Coordination-Theory von Crowston/Osborn 2003). Damit werden die Phänomene des Geldes nicht mehr anhand ihrer Existenz beschrieben, sondern umgekehrt, die aus den Notwendigkeiten des Wirtschaftens entsprechenden Forderungen an die herzustellenden Eigenschaften von Geld gestellt.

Übersicht zum wissenschaftlichen Geldverständnis	
Stufe	**Konsequenzen im Denken**
Warentheorie	■ Geld ist das, was ich sehen kann, und hat an sich einen Wert ■ Geld ist verknüpft mit einem materiellen Wert, einer Ware ■ Gold ist deshalb das beste Geld
Zeichentheorie	■ Geld ist ein Symbol, das einen Wert repräsentiert und hat an sich keinen Wert ■ Geld ist verknüpft mit reinen Rechnungszahlen ■ Ein unterschriebener Wechsel ist deshalb das beste Geld
Kommunikationstheorie	■ Geld ist ein Medium der Kommunikation, das einen Wert vermittelt ■ Geld ist verknüpft mit Bedeutungsgebung und Recht ■ Staatliches Geld ist deshalb das beste Geld
Koordinationstheorie	■ Geld ist ein einordnendes Prinzip, das einen Wertebereich vorgibt ■ Geld ist verknüpft mit der Form der Zusammenarbeit (Prozesse) und gestaltet diese mit ■ Gemeinschaftlich organisiertes Geld ist deshalb das beste Geld

3.2 Funktionen des Geldes

Üblicherweise und bis heute werden dem Geld drei Grundfunktionen innerhalb der Wirtschaft zugeordnet, die bereits in der historischen Betrachtung angesprochen wurden (vgl. Anderegg 2007, S. 20–21):

1. *Tauschmittel,* auch Transaktionsfunktion (medium of exchange)
2. *Wertaufbewahrungsmittel* (store of value)
3. *Wertmaßstab* auch Recheneinheit (unit of account)

In den meisten heutigen Lehrbüchern über Volkswirtschaft (z.B. Braun/Paschke 2005, S. 163ff.) werden diese drei Funktionen dann so behandelt, als wären sie das ganze Wesen des Geldes und lieferten eine vollständige Erklärung des Geldes und seiner Phänomene. Bereits Knut Wicksell schrieb: «Der Begriff des Geldes liegt in seinen Funktionen eingeschlossen.» (Wicksell 1922, S. 6) Es wird also von der Funktion auf die Aufgabe geschlossen, was allenfalls bei

Naturerscheinungen, nicht aber bei menschlichen Einrichtungen zulässig ist. Um alternative Währungen verstehen zu können, ist es notwendig, diese Denkweise umzukehren: Also zuerst einen Zweck zu bestimmen und dann die Funktionen daraus abzuleiten, die es dazu braucht, ihn (bestmöglich) zu erfüllen. Eine solche neue Funktionsbetrachtung wird im Abschnitt 4.3 «Erweiterte Währungsfunktionen» vorgeschlagen.

3.3 Wirtschafts- und Währungsordnung

Ein wichtiger Grundbegriffe der volkswirtschaftlichen Betrachtungsweise war einst die Wirtschaftsordnung. Dieser hat sich aber im Laufe des 20. Jahrhunderts immer mehr aus den wirtschaftswissenschaftlichen Lehrbüchern verflüchtigt. Noch bis etwa Mitte des Jahrhunderts wurde in der damaligen Nationalökonomie die Bestimmung der Wirtschaftsordnung als zentrale Anfangsfrage gestellt:

> Würden wir von oben die Erde betrachten und das erstaunliche Gewimmel von Menschen, die Verschiedenheit der Beschäftigungen, das Ineinandergreifen der Tätigkeiten und den Strom der Güter sehen, so wäre die erste Frage, die wir stellen würden: Im Rahmen welcher Ordnung vollzieht sich alles dieses? Eine solche Frage ist richtig gestellt. Wir können nichts Sinnvolles über alles das, was sich da unten abspielt, aussagen, wenn uns die Ordnung unbekannt bleibt.
>
> (Eucken 1941, S. 62)

Diese absolut wichtige Erkenntnis ist spätestens seit dem Verschwinden der staatssozialistischen Planwirtschaft ebenfalls verschwunden. Es hilft aber nichts, dass die moderne Makroökonomie sich nonchalant darüber hinwegsetzen will, die Frage der *gewollten* Wirtschaftsordnung wird in den vordersten Rängen einer echten Wissenschaft der Ökonomie stehen müssen.

Die Bedeutung der Währungsordnung und ihr Zusammenhang zur Wirtschaftsordnung wurde hingegen im Verlaufe der Geschichte noch nicht deutlich herausgearbeitet. Die Währungsordnung – auch als Geldordnung oder Geldverfassung bezeichnet – wurde primär als die Definition und Durchsetzung eines gesetzlichen Zahlungsmittels betrachtet. «Das Ziel der Geldordnung ist in erster Linie die Gewährleistung der Stabilität der Preise.» (Anderegg 2007, S. 329) Eine solch enge Betrachtung der Bedeutung und Aufgabe einer

Währungsordnung kann im Zusammenhang mit alternativen Währungen nicht aufrecht erhalten werden.

Wirtschafts- und Geldordnung haben einen direkten Zusammenhang, der in jedem Falle bei ihrer jeweiligen Gestaltung berücksichtigt werden muss. Jede Ordnung bleibt nur eine solche, wenn sie grundlegende Stabilitätskriterien erfüllt. Dabei gilt:

1. Das monetäre System muss erstens auf technischer, rechnerischer und regulatorischer Ebene ein stabiles System bilden.

Wenn dieser Grundsatz erfüllt ist, folgt der zweite, besser bekannte Zusammenhang:

2. Das monetäre System muss durch geeignete Maßnahmen so gesteuert werden, dass es eine stabile Grundlage für eine friedliche Gesellschaftsentwicklung bietet.

> Monetäre Stabilität bleibt am Ende immer Ausdruck gesellschaftlicher Verantwortung – **gleichgültig, welches monetäre System wir verwenden.** Es ist die Verantwortung der geldpolitischen Behörden und der hinter ihnen stehenden politischen Auftraggeber, für die Stabilität des Geldes und des Währungssystems zu sorgen.
>
> (Baltensperger 2014, S. 45, Hervorhebung durch Verfasser)

Zusammengefasst: Monetäre Stabilität = Ausdruck gesellschaftlicher Verantwortung. Diese Grundlage gilt genauso für alternative Währungen: Die Gemeinschaft oder Trägerschaft der Währung muss eine Verantwortung für das Ganze übernehmen und diese Sichtweise besonders gegen die Partikulärinteressen von Teilnehmenden durchsetzen können. Diese Haltung war zum Beispiel auch in der ursprünglichen Schule des Ordoliberalismus verankert (vgl. Bindewald 2009).

Erstaunlicherweise wird die Reihenfolge der Stabilitätskriterien in der Gestaltung der Währungsordnung kaum beachtet: Erstens die technisch-rechnerische regulatorische Systemstabilität, zweitens die richtige Steuerung. Folgender Vergleich veranschaulicht dies: Es wird nicht zuerst ein guter Wagen gebaut und vor dem Einstieg auf Fahrtüchtigkeit überprüft, sondern es werden nur Verkehrsregelung und Wettervorhersagen als zentral erachtet. In dieser Gleichgültigkeit gegenüber der technischen Ausgestaltung des Geldsystems ist ein kritischer Punkt zu finden, der unsere heutige missliche Situation mitverursacht und alternative Währungen überhaupt auf den Plan gerufen hat.

3.4 Mängel des heutigen Geldsystems

Die häufig mangelhafte Reflexion über Geld und das Geldsystem in der heutigen Wirtschaft führt dazu, dass wir statt das Instrument Geld zu beherrschen und den wirtschaftlichen Zwecken besser anzupassen, selbst von diesem Instrument beherrscht werden. Insbesondere die letzten Finanzkrisen zeugen von diesem Dilemma. Die Verantwortlichen in Banken und Politik suchen bis heute die Erklärungen für das, was geschehen ist, ausschließlich innerhalb des bestehenden Geldsystems. Geld wird somit durch Geld erklärt, ein klassischer Zirkelschluss, der weitere Krisen geradezu provoziert. Auch Reifner kommt in seiner ausführlichen Analyse über die Finanzkrise zu folgendem Schluss: «Nur wenn man die Begrenztheit des Geldsystems und seiner Denkmodelle erkennt, kann man es beherrschen und für seine Zwecke nutzen.» (Reifner 2010, S. 369)

Wie bereits im Abschnitt 3.3 zur Währungsordnung aufgezeigt, besteht der primäre Mangel der bisherigen Denkweise darin, die technisch-rechnerische regulatorische Seite des Geldsystems nicht als entscheidende Gestaltungsaufgabe zu erkennen. Bedingt durch die historische Entwicklung wurde implizit immer von einem offenen System ausgegangen. Bei einem offenen System kann die Geldmenge nicht genau definiert werden, da zum Beispiel durch Goldfunde ein zufälliger Input entsteht oder durch Vergraben von Schätzen oder Umschmelzen für Schmuck ein ebenso unfassbarer Output. Das Geldsystem heute ist aber viel näher an einem geschlossenen System, das den Regeln von Logik, Kybernetik und Regeltechnik unterworfen sein muss. Das Geld als Denksystem in unseren Köpfen wollte schon immer ein geschlossenes System sein, denn: Alle Geldbewegungen sollen genauestens protokolliert sein (oder wir glauben zumindestens daran, dass sie es seien) und die Rechnung muss am Schluss aufgehen. Heute wird dies durch das computerbasierte Giralgeld auch tatsächlich erreichbar. Die wichtigste Folge aus der Erkenntnis, dass Geldsysteme geschlossene Systeme sein müssen, ist: Zins und Zinseszins in der heutigen Form sind nicht systemkonform. Mathematisch gilt nämlich: Ein geschlossenes System mit einer innewohnenden Exponentialfunktion (Zinseszinsfunktion) kann unmöglich stabil sein, es muss zerfallen (vgl. Kennedy 2011, S. 19ff.).

Bei genauerer Betrachtung können noch weitere logische Ungereimtheiten bei den bestehenden gesetzlichen Währungen konstatiert werden (vgl. Creutz 2003, S. 20–21, respektive Visotschnig 2010, S. 39–40):

- Geld ist sowohl öffentliche Einrichtung, als auch privates Eigentum, ohne dass der Übergang von Einem zum Anderen geregelt wäre.
- Geldvermehrung durch Fälschung ist bei Strafe untersagt, Geldverminderung mittels privater Hortung ist jedoch erlaubt.
- Geld unterliegt einem allgemeinen Annahmezwang, aber keinem Weitergabezwang, obwohl das erste ohne das zweite keinen Sinn ergibt.
- Geld ist das einzige gesetzliche Zahlungsmittel, gleichzeitig aber auch beliebig verwendbares Spekulationsobjekt.
- Geld wird als universeller Maßstab gebraucht, obwohl seine Kaufkraft Änderungen unterliegt.

Weitere zentrale Probleme des Geldes sind:

- Geld ist quasi unvergänglich und hat gleichzeitig die höchste Liquidität aller Wirtschaftsfaktoren. Dem stehen keine gleich starken nachteiligen Faktoren gegenüber. Es ist damit konkurrenzlos der mächtigste Wirtschaftsfaktor.
- Geld kann weltweit fast beliebig verschoben oder versteckt werden, ohne Rücksicht auf lokale Zusammenhänge.

Alle diese und weitere Eigenschaften werden heute als fast «naturgegeben» angesehen, und sowohl von Politikern als auch von sehr vielen Wissenschaftlern ist keine Hinterfragung des Systems zu erwarten. Im Gegenteil: «Das Finanzsystem verlangt heute von seinen Kritikern, dass sie für die Probleme des Geldsystems Geldlösungen vorlegen, bevor sie ihre Kritik formulieren dürfen. Sie werden dadurch zu Co Alkoholikern, die den Teufel mit dem Beelzebub austreiben wollen.» (Reifner 2010, S. 368)

4 Die Grundlagen von alternativen Währungen

4.1 Neues Geldverständnis

Um den Ansatz der alternativen Währungen besser zu begreifen, ist, wie bereits gesagt, ein erweitertes Verständnis von Geld notwendig. Es gibt verschiedene Möglichkeiten, zu diesem Verständnis zu kommen. Ich stelle hier eine aus der Koordinationstheorie (Abschnitt 3.1) neu entwickelte Betrachtungsweise vor, die es erlaubt, das Entstehen von alternativen Währungen zu verstehen.

Um die notwendigen Schritte machen zu können, braucht es eine unvoreingenommene Haltung. Am besten werden die in der Volkswirtschaftslehre gelernten Grundlagen zuerst einmal weggelegt, damit sie nicht in die Quere kommen. Folgende Schritte helfen, einen neuen Boden zu finden:

1. Der Ausgangspunkt ist, Geld generell als ordnendes oder *koordinierendes Element* der wirtschaftlichen und damit auch der gesellschaftlichen Vorgänge zu betrachten.
2. Konkretes Geld in Form einer bestimmten Währung ist offensichtlich eine menschliche Einrichtung, die seit Jahrtausenden in immer neuen Formen verbessert, erfunden, angepasst oder wieder abgeschafft wird. Es ist eine *Institution,* die einen Zweck verfolgt und dafür entsprechend gestaltet werden sollte. Damit reihen sich Währungen ein in die technischen und institutionellen Errungenschaften der Menschheit wie Computer (zur Gedanken- und Gedächtnisunterstützung), Internet (zur Kommunikation), Unternehmen (zur wirtschaftlichen Zusammenarbeit), Staat (zur Ordnung der Gesellschaft).
3. Der *Zweck* oder meistens das Bündel von Zwecken, das eine Währung erfüllen soll, muss jeweils genauer bestimmt oder untersucht werden. Je mehr Zwecke durch eine einzige Währung erfüllt werden sollen, desto komplexer wird sie. Zwecke sind oft auch nur implizit vorhanden oder werden sogar absichtlich verdeckt implementiert. Die Frage lautet also: Welche Aufgabe oder welcher Zweck im Rahmen von Wirtschaft und Gesellschaft soll mittels eines Geldes erfüllt werden?
4. Danach können die *Mittel zur Zweckerfüllung (Funktionen)* betrachtet und ausgewählt werden. Es braucht eine Gestaltung sowie Regelungen und Steuerung, wie eine Währung vernünftig

aufgebaut, angewendet und verwaltet werden soll. Das heißt: Welche Funktionen muss diese Währung zur Verfügung stellen?
5. Der letzte Schritt erfordert Einsicht in die *Grenzen des Systems,* wie die Währung nicht gebraucht werden darf. Welche Grenzen sind einzuhalten und wie können wir dies sicherstellen?

Die Funktion ist also immer dem Zweck nachgestellt und dient zur bestmöglichen Erfüllung ebendieses. Außerdem muss jede Funktion begrenzt sein, da sie sonst einen schädigenden Einfluss ausüben kann. In der Technik ist dies sehr einfach einzusehen. Das bereits oben verwendete Beispiel veranschaulicht dies: (1) Die Aufgabe sei es, eine Person rasch von einem Ort zu einem anderen zu transportieren, (2) das Vehikel «Auto» erfüllt diese Aufgabe, indem es mit den Funktionen «Räder», «Motor/Antrieb» und «Karosserie/Schutzhülle» ausgestattet ist, (3) die Funktion «Motor» ist dabei begrenzt durch materielle Faktoren wie maximale Drehzahl oder maximale Geschwindigkeit, mit der das Auto überhaupt noch sicher ans Ziel kommt.

Ein neues Geldverständnis im folgenden, institutionellen Sinne kann eine gute Grundlage sein, um alternative Währungen zu entwickeln:

Geld ist eine mächtige und sehr vielseitige Einrichtung oder Institution, die – wie jede Institution – in ihrer spezifischen Ausformung als Währung weiterentwickelt, verbessert und verändert oder neu gegründet werden kann. Dabei verändert die Form der Währung ihrerseits das Verhalten und das Denken der Nutzenden.
Eine Währung kann ihre Funktionen im positiven Sinne erfüllen, aber auch darin versagen oder missbraucht werden und Schaden anrichten.

4.2 Neue Begriffe

Geld und Währung

Die Begriffe Geld und Währung werden sowohl in der Umgangssprache als auch in der Wissenschaft häufig synonym und unsystematisch verwendet. Einerseits gilt Währung als «Unterkategorie» von Geld, zum Beispiel bei der Bank of England (2014, S. 9), *currency = notes and coin* (Währung = Münzen und Noten). Andererseits wird dann, wenn es um spezifische Vorgänge innerhalb einer Währung geht (z. B. eine Buchhaltung oder bei der Geldmenge der Zentralbank) doch wieder nur von Geld gesprochen. Diese Verwischung ist ein wichtiger Grund, warum die Wirtschaftswissenschaften bis heute nicht mit alternativen Währungen klar kommen. Wenn in einem fundierten Lehrbuch wie zum Beispiel in «Grundzüge der Geldtheorie und Geldpolitik» (Anderegg 2007) das Wort Währung nur gerade am Rande als Währungsordnung erwähnt wird und das ganze Buch ansonsten immer nur von *dem* Geld spricht, wie ein Physikbuch über Wasser, wird nochmals klar, wieso die Ökonomik in Bezug auf Geld versagen muss. Um diesem Fehler vorzubeugen, aber trotzdem den Anschluss an das übliche nicht zu verlieren, verwende ich hier folgende Begriffsfassungen:

1. Geldordnung oder Geldsystem = allgemeiner/abstrakter Begriff (als Überbegriff);
2. Währung = spezifisches Geld mit eigener «Verfassung» und Bezeichnung (siehe nachstehende Definition);
3. Geld = eigentliches, konkretes Geld, innerhalb einer spezifischen Währung (das immer mit dem Währungszusatz versehen werden müsste, der aber aus Bequemlichkeit weggelassen wird).

Geld und Währung als Begriffe

Geldordnung oder Geldsystem
als allgemeiner Begriff und Überbegriff

Währung als spezifisches Geld
mit eigener Verfassung

Geld als konkreter Begriff innerhalb
einer spezifischen Währung

Geldordnung oder Geldsystem wird leider sehr häufig mit «Geld» abgekürzt. Die daraus entstehende Gleichsetzung des allgemeinen und des konkreten Geldbegriffs verursacht dann einen weiteren Teil der beschriebenen Konfusion in Diskussionen um Geld sowohl in der Praxis wie in der Wissenschaft.

Das Wort Währung (mittelhochdeutsch *werunge,* Gewährleistung) deutet auf das Rechtssystem oder Abmachungssystem, das notwendig ist und das die Grundlage bildet für jedes Geldwesen: die Währungsverfassung. Das können staatliche Gesetze sein oder einfach die Tauschregeln bei einem Tauschring. Es handelt sich bei

Währung also eigentlich um einen kollektiven «Rahmenvertrag», oder «Spielregeln» innerhalb der gesellschaftlichen Rechtsordnung.

> Eine Währung entsteht durch einen kollektiven Vertrag und bildet eine «reflexive» Verfassung zur Regelung von Austausch und Teilhabe innerhalb der Wirtschaftssphäre mittels eines damit definierten Geldes. Reflexiv bedeutet, dass das Geld sowohl als Mittel, als auch als Maßstab der Vertragserfüllung festgelegt ist.

Das englische Wort *currency* (von current = Strom, Strömung), das früher ins Deutsche übersetzt wurde mit «Umlaufmittel», hat als Adjektiv «current» ebenfalls die Bedeutung von aktuell/gegenwärtig/gebräuchlich/*geltend.*

Währen und *Strömen* spiegelt auch ein unterschiedliches Verständnis des Themas im angelsächsischen und deutschen Sprachraum.

Währungssystem – Geldsystem

> Ein Währungssystem ist dazu da, einen Ausgleich zu schaffen!
>
> (Heiner Flassbeck, deutscher Wirtschaftswissenschaftler)

Der Begriff Geldsystem wird hier als Kategorie für die allgemeine Beschreibung von Geld als System oder gesellschaftliche Institution mit allen Implikationen gebraucht. Er deckt sich weitgehend mit dem Begriff Währungssystem, der jedoch die Währungen als Hauptbestandteile benennt und deshalb eine präzisere Beschreibung darstellt.

Wert

Wert ist grundsätzlich ein durch Menschen zugeordnetes zentrales Beziehungsattribut. Es kann an Dinge, an Orte, an Lebewesen, aber auch an immaterielle Einheiten wie Vorstellungen und Ideen geknüpft werden. Damit wird eine Prioritätenordnung erzeugt, die für Handlungsentscheidungen und Verhalten von Menschen richtungsweisend sind. Werte können allerdings stark fluktuieren. Was heute ganz kostbar ist, kann morgen schon wieder wertlos sein. Stabile Werte werden jedoch im Normalfall bevorzugt. Auch einer Währung kann ein Wert zugeordnet oder ihr wieder entzogen werden.

Vertrauen

Ein entscheidendes Element im Geld ist das Vertrauen. In erster Linie ist dies ein kollektives Vertrauen, etwas, das für uns schwerer zu verstehen ist als individuelles Vertrauen. Indem wir Geld von einer bestimmten Person annehmen für eine Leistung oder ein Produkt, vertrauen wir darauf, dass wir später bei einer noch unbestimmten Person dieses Geld wieder gegen etwas für uns Brauchbares oder Wünschbares einlösen können. Dieses Vertrauen ist der Kern der Deckung jeder Währung. Da aber Vertrauen in unbestimmte Personen (respektive heute meist Unternehmen) bei den riesigen Landeswährungen schwierig ist, wird zum Beispiel mittels staatlicher Akzeptanz (Steuern) oder staatlichem Zwang (Gesetze) versucht, dieses Vertrauen durch Garantien zu ersetzen.

Macht und Zwang

«Geld regiert die Welt» oder wie Karl Heinz Brodbeck in seinem monumentalen Werk «Die Herrschaft des Geldes» schreibt (Brodbeck 2012, S. 2): «Die Märkte versklaven Menschen, und die Märkte sind ihrerseits versklavt durch das Geld. Das Geld ist indes keine abstrakte, noch höhere Gottheit, (…), sondern eine *Denkform,* in der sich die Menschen bewegen und so sich selbst unaufhörlich das antun, wofür sie Sachzwänge oder Institutionen beschuldigen.»

Der Ansatz alternativer Währungen ist es, die Macht und Herrschaft des herkömmlichen Geldes durch anderes Geld, genauer durch eine Vielzahl von Geldern (Währungen), aufzuteilen und in vernünftigere, für Menschen besser verständliche Größenordnungen zu verwandeln.

Eigentum

Eine entscheidende Voraussetzung jeder Währung ist die Eigentumsordnung. Kauf und Verkauf gehen immer parallel mit einer Eigentumsübertragung. Die Autoren Gunnar Heinsohn und Otto Steiger leiten in ihrem Werk «Eigentum, Zins und Geld» (Heinsohn/Steiger 2009) sogar das Geld per se aus dem Eigentum ab, was aber den an sich richtigen Gedanken wieder zu weit führt. Heutige Währungen basieren auf Privateigentum und sind mit andere Eigentumsformen, wie zum Beispiel Gemeineigentum und Allmenden, schlecht verträglich, da ihre Verwendung inhärent alles in Privateigentum umzuwandeln verlangt.

4.3 Erweiterte Währungsfunktionen

Bereits im Abschnitt 3.2 wurden die heute postulierten drei zentralen Geldfunktionen vorgestellt und auch kritisiert. Die Bestimmung von grundlegenden Funktionen ist wichtig, um alternative Währungen zu entwerfen. Zur besseren Differenzierung der unterschiedlichen Herangehensweise sprechen wir hier von Währungsfunktionen. Wie in Abschnitt 3.2 gesagt, muss zuerst der Zweck, also die gewünschte Art des Wirtschaftens bestimmt werden. Erst auf dieser Basis können dann die notwendigen Funktionen abgeleitet werden, die für den Aufbau einer Währung benötigt werden, um die gesetzten Ziele rein technisch überhaupt erreichen zu können.

Die Stellung der Währungsfunktionen

Währungszweck (= gewünschte Art des Wirtschaften) → Währungsfunktionen → Währungsverfassung (Auswahl der Mittel)

Die folgenden Überlegungen gehen von einer gewünschten Art des Wirtschaftens aus, die für einen Wirtschaftsraum mit begrenzten Ressourcen geeignet ist (Erde), Nachhaltigkeit über Generationen garantieren soll, akzeptable Lebensgrundlagen für alle Menschen bieten soll, einen laufenden Ausgleich von Macht und Ressourcen und bestmöglichen Schutz vor Missbrauch anstrebt.

Dazu werden zwei zusätzliche Dimensionen eingeführt:

1. Die Unterscheidung zwischen individuellen, das heißt für das Individuum wichtigen Währungsfunktionen, und kollektiven, das heißt für die Gemeinschaft wichtigen Währungsfunktionen.

Bisher standen die individuellen Funktionen des Geldes im Vordergrund. Da Geld aber nur in einer Gemeinschaft existieren kann, müssen auch die kollektiven Funktionen einbezogen werden.

2. Die Unterscheidung von statischen Funktionen, die durch fixierte Elemente entstehen, und dynamischen Funktionen, die durch veränderliche Elemente entstehen.

Diese Unterscheidung ist wichtig, um den Widerspruch aufzuzeigen zwischen dem dynamischen Aspekt, dass eine Währung nur durch ihr dauerndes «Fließen» (Verwenden) etwas beiträgt, und dem statischen Aspekt, dass die Währung als Vermögen oder als Maßstab möglichst festgehalten werden will und sich gerade nicht dauernd ändern sollte.

Die Bezeichnung «Tauschen» für Geldvorgänge wird dabei vermieden, weil sie eigentlich seit den 1920er Jahren und den Arbeiten von Knapp, Bendixen, Elster und anderen Ökonomen und später auch Polanyi als überwunden gelten kann, aber immer wieder ihren Weg in die Lehrbücher findet.

Erweiterte Währungsfunktionen	
Individuelle Funktionen	**Kollektive Funktionen**
Zahlungsfunktion (Transaktion, «Tausch»)	**Gedächtnisfunktion** (Gesamtrechnung, Buchhaltung)
Zeitverschiebungsfunktion (Sparen, Investieren)	**Zuteilungsfunktion** (Allokation, Beteiligung, «Marktzutritts-Ticket»)
Anerkennungsfunktion (Anreiz, Motivation, Ermöglichung, Schenkung)	**Werteinheit** (Bewertungseinheit, «Wertmaßstab»)
weiß = dynamische Funktion	grau = statische Funktion

Erklärung der erweiterten Funktionen:

- *Zahlungsfunktion:* Dies ist die einfachste und wichtigste Funktion. Zahlung heißt, dass eine Transaktion (von was auch immer, meist eine Wirtschaftsleistung) mittels einer bestimmten Zahlung endgültig beglichen werden kann.
- *Zeitverschiebungsfunktion:* Ansprüche an Wirtschaftsleistungen, die nach einer Einnahme von Geld einer Person zustehen, können auf einen späteren Zeitpunkt aufgeschoben (Sparen) oder zukünftige Ansprüche zum Voraus bezogen werden (Leihen).
- *Anerkennungsfunktion:* Diese Funktion beinhaltet, dass ein Individuum Geld nicht nur zu Zahlungszwecken oder zum Sparen (und Investieren) verwendet, sondern damit auch Anerkennung verteilen oder erhalten kann. Dies geschieht durch Schenken und Spenden oder sogenannte Anreizsysteme wie Flugmeilen (siehe Kundenbindungs- und Rabattsysteme)
- *Gedächtnisfunktion:* Diese Funktion wird häufig vergessen: Jedes Geldsystem beinhaltet eine Gesamtbuchhaltung, die stimmen müsste und in der alle mit Geld ausgeführten Vorgänge verzeichnet sind. Dies ist offensichtlich damit verknüpft, dass zu jeder Zeit eine ganz bestimmte Geldmenge da ist, die bekannt sein

müsste. Wenn man zu einem Zeitpunkt alles Geld bei allen Teilnehmenden zusammenzählen würde, müsste dieselbe Summe gefunden werden, die herausgegeben worden ist (vgl. Stützel 2011, S. 51 ff.).

- *Zuteilungs- oder Allokationsfunktion:* Diese Funktion zeigt auf, dass die Verteilung des Geldes jederzeit die Ausgangssituation für die nächsten Wirtschaftsvorgänge darstellt. Die richtige Zuteilung des Geldes zu den vorhandenen Bedürfnissen sollte dabei dynamisch optimiert erfolgen. Dies ist eine wichtige Grundlage für eine richtig funktionierende Marktwirtschaft. Die automatische Anhäufung des Geldes bei einigen wenigen ist hingegen eine Dysfunktion. Die Allokation wird in den heutigen Nationalwährungen maßgeblich durch die Krediterteilung der Geschäftsbanken bestimmt.
- *Werteinheit:* Jede Währung beinhaltet eine Werteinheit. Damit lässt sich ein relativer Maßstab bilden, mit dem Preise verglichen werden können. Die Maßeinheit kann sehr gut auch von anderen Systemen bestimmt sein. Beispielsweise übernehmen die Regiogelder in Deutschland die Maßeinheit der Eurowährung. Eine zuverlässige Wertmessung mittels dieser Einheit kann nur bei stabilen Preisen erfolgen und zeigt immer nur einen relativen Wert, also ein Verhältnis von Werten unter bestimmten Voraussetzungen.

4.4 Optimale Währungsordnung

Die erwähnten Funktionen allein helfen erst dabei, die technische Ebene einer Währung so auszugestalten, dass sie innerhalb eines «Betriebsbereiches» widerspruchsfrei funktioniert und das angestrebte Ziel erreichbar macht. Der zweite entscheidende Schritt zur Gestaltung einer Währung ist die Bestimmung der menschlichen Bedürfnisse und Fähigkeiten. Das heißt, es muss von einem Menschenbild ausgegangen werden. Hier ist aber Genauigkeit angesagt: Wie sich ein Mensch wirtschaftlich verhält, ist primär als Resultat einer Interaktion mit den geschaffenen Rahmenbedingungen zu verstehen. Das Bild des homo oeconomicus geht zum Beispiel von einem Verhalten aus, das bereits durch ein bestimmtes System der Konkurrenz, der Not und des Krieges vorgegeben wird. Andere Spielregeln führen zu einem anderen Spiel und Verhalten der Spieler. Dies ist eine entscheidende Einsicht bei der Entwicklung einer Währungsordnung (vgl. auch Bindewald 2009).

Selbstverständlich ist es so, dass die Währungsordnung, vor allem bei kleinen Komplementärwährungen, von den weiteren Gesellschaftsordnungen wie Familienverständnis und Staatsordnung umgeben und mitbestimmt oder gar dominiert werden kann.

4.5 Wissenschaftliche Forschung

Alternative Währungen sind heute noch kaum Thema in der ökonomischen Forschung, trotzdem gibt es bereits eine große Zahl von Publikationen mit einer Vielfalt von wissenschaftlichen Ansätzen. Es gibt auch einige wenige Institute und Professuren, die sich wissenschaftlich damit beschäftigen, hauptsächlich in Großbritannien (z.B. Peter North, University of Liverpool), Frankreich (z.B. Jérôme Blanc, Université Lumière Lyon) oder in Holland und Japan.

In den deutschsprachigen Ländern wurden auch schon eine ganze Reihe Bachelor-, Master- und Doktorarbeiten zum Thema geschrieben, aber bisher gibt es weder einen universitären Lehrstuhl, noch ein anderes Institut, die das Thema fokussiert und langfristig bearbeiten würden. Einzig die «Bibliography Of Community Currency Research», die von Rolf Schroeder in Bremen betreut wird, ist zu erwähnen.

International existiert seit langem ein Forschungsnetzwerk freier Wissenschaftler: Die Complementary Currency Research Group (complementarycurrency.org) und eine wissenschaftliche Zeitschrift International Journal of Community Currency Research (ijccr.net). Im Jahre 2015 wurde eine neue Vereinigung gegründet, die die Aktivitäten bündeln und stärker vorantreiben will *Research Association On Monetary Innovation And Community And Complementary Currency Systems RAMICS* (www.ramics.org).

4.6 Missbrauchte Ideen?

Wie alle Ideen für Neues können auch Ideen für alternative Währungen zum Guten gebraucht oder zum Schlechten missbraucht werden. Unterschiedliche Menschen sind davon begeistert: Systemkritiker oder Ultraliberale, Aussteiger oder visionäre Milliardäre. Alle mit der Einsicht, dass etwas anders gemacht werden sollte, mit revolutionären oder mit ganz praktischen Ansprüchen und der (vermutlich richtigen) Erkenntnis, dass die Gestaltung von Geld ein absolut zentrales Element des Machtsystems unserer Gesellschaft ist. Häufig sind alternative Geldideen auch bei Verschwörungstheoretikern beliebt und leider beziehen sich auch braune Ideologen darauf, die ihr Rassendenken auch auf dieses Gebiet ausdehnen wollen. Ein neueres Beispiel dazu ist die Ora-Währung in Südafrika, die das Burentum verherrlicht (Wikipedia 2016).

Wichtig ist es darum, die Intention zu beachten, mit der Ideen von «anderem Geld» verfolgt werden und mit denen alternative Währungen gegründet werden: Sollen sie zu einer besseren, gerechteren, aufgeklärteren, demokratischeren und menschlicheren Gesellschaft für alle führen oder sollen einzelne Menschen diskriminiert, verdächtigt, bekämpft und ausgeschlossen werden? Es sind letztlich politische Fragen.

Alternative Währungen im Spannungsfeld von Ideologien und Weltbildern

Für die Gestaltung von alternativen Währungen heißt das, dass klare Prämissen und Bekenntnisse zu Integration, Gewaltlosigkeit und zur Befolgung der Menschenrechte deklariert und umgesetzt werden müssen. Jedes Währungsmodell, und sei es auch scheinbar erfolgreich, muss immer wieder auf diese Aspekte überprüft werden. Nur solange wie die zentralen menschlichen Werte gepflegt und geschützt werden, kann ein neues Währungskonzept zu einem echten Fortschritt beitragen.

5 Vordenker eines anderen Geldes

Bisher haben wir die Sichtweise des wissenschaftlichen Mainstreams zu Geld und Währungen kennengelernt. Anschließend wurden wissenschaftliche Grundlagen für einen «Gegenentwurf» dargestellt, bei dem alternative Währungen integriert werden können. Diese Erkenntnisse sind nicht neu. Immer gab es auch schon andere Konzepte und Vorstellungen, meist daraus entstanden, dass die Neugestaltung des Geldsystems als wirkungsvolle Maßnahme zur Verbesserung der wirtschaftlichen Zustände erkannt wurde. In diesem Kapitel werden einige wichtige Vordenker und ihre Reformmodelle beispielhaft vorgestellt. Dabei wird eine chronologischer Reihenfolge eingehalten.

5.1 Robert Owen und Josiah Warren: Labor Money

Die wirtschaftlichen Verhältnisse waren zur Zeit der beginnenden industriellen Revolution für eine große Mehrheit der Menschen besonders schlecht. Armut und Elend hatten insbesondere in England dramatische Formen angenommen und führten zu einer starken Reformbewegung, die versuchte, die Zustände zu verbessern.

Robert Owen (1771–1858) war ein Kind aus einfachen Verhältnissen, arbeitete sich zum Fabrikleiter hoch und wurde bald Besitzer einer großen Baumwollspinnerei in New Lanark (Schottland). Dort setzte er menschenwürdige Arbeitsbedingungen durch, verkürzte die Arbeitszeit, schuf Kranken- und Altersrentenversicherungen, erträgliche Wohnverhältnisse und eine gesunde und wucherfreie Lebensmittelversorgung. New Lanark wurde zu einem Erfolg auf allen Ebenen und zog bald tausende, auch hochrangige Besucher an. Owens Modell bewirkte damit die Verbesserung der Arbeitsbedingungen auch in anderen Ländern.

1825 verkaufte Owen die ganze Anlage und wanderte in die USA aus, wo er eine noch viel weiterreichende utopische Genossenschaftsidee verwirklichen wollte. Dazu kaufte er zusammen mit anderen die bestehende Siedlung «Harmony» in Indiana und taufte sie um in «New Harmony». In dieser Siedlung wurde erstmals eine eigene Währung innerhalb eines neuen Gesellschaftsmodells verwendet: Die sogenannten «Labor Notes» oder Arbeitswertscheine. Das ganze Experiment New Harmony scheiterte bereits nach zwei

Labor for labor note für den Cincinnati Time Store von Josiah Warren (Beispiel von 1846)

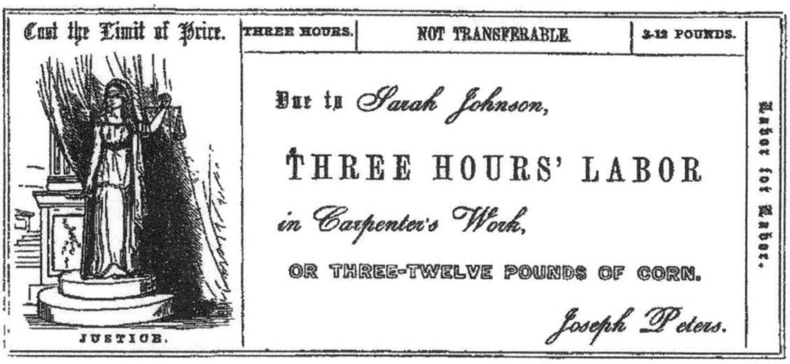

Jahren an den fehlenden zwischenmenschlichen Verbindlichkeiten. Owen kehrte 1828 nach England zurück. Seine Ideen hatten aber einen großen Eindruck hinterlassen und so setzte der Anarchist Josiah Warren (1798–1874) die Herausgabe von «Labor Notes» in einem eigenen Experiment fort. Warren war ursprünglich aus Boston, Musiker und Musiklehrer, sowie Erfinder einer Talglampe und hatte sich mit seiner Familie den Siedlern in New Harmony angeschlossen. Er erkannte früh das Scheitern des ambitiösen Gemeinschaftsprojektes und entwickelte daraufhin ein eigenes System mit einem Handelsladen in Cincinnati, das er *Cincinnati Time Store* nannte. Dieses erste wirklich erfolgreiche Experiment mit Labor Notes dauerte von 1827 bis 1830. Warren beendete es, weil er anderenorts neue Kolonien, basierend auf seiner Arbeits-Kosten-Theorie, entwickeln wollte.

In England setzte Robert Owen seine Arbeit fort, um die Armut der Bevölkerung zu lindern. Auch er sah die Lösung in einem Handelssystem, das auf dem Produktionsfaktor Arbeit basierte und für eine adäquate Entlohnung der Arbeiter sorgen sollte. Im Jahr 1832 richtete er eine Warenbörse in London ein, an der Waren gegen eigens herausgegebene Arbeitsgutscheine (Labour Vouchers) eingetauscht werden konnten (Elsässer 1984, S. 191).

Die kompliziertere Handhabung und das mangelnde Verständnis für die Vorteile des neuen Systems bei den teilnehmenden Arbeitern und Geschäftsleuten führte nicht zum Erfolg. Die Londoner Börse wurde schon 1833 wieder geschlossen, eine zweite Börse in Birmingham konnte ebenfalls nur wenige Monate überleben.

Robert Owen war trotzdem sehr erfolgreich im Aufbau von gewerkschaftlichen und genossenschaftlichen Strukturen. Er gilt als einer der wichtigsten Pioniere der modernen Genossenschaftsbewegung.

5.2 Pierre-Joseph Proudhon: Die Volksbank

Auch Pierre-Joseph Proudhon (1809–1865), ein französischer Ökonom, Soziologe und Anarchist, entwarf ein neues Geldsystem. Innerhalb des umfangreichen Werkes des in einfachen Verhältnissen bei Besançon aufgewachsenen Proudhon stellt das Konzept der Volksbank einen herausragenden praktischen Impuls dar. Proudhon begann 1848 entsprechend den in seinem Werk «Organisation du credit» entwickelten Vorstellungen mit der Gründung einer *Volksbank (Banque du Peuple).* Diese Bank sollte nach folgendem Grundkonzept arbeiten: «Die an der Volksbank teilnehmenden Produzenten liefern, sofern ein direkter Tausch (der Produkte) zwischen zwei Mitgliedern nicht möglich ist, ihre Erzeugnisse bei der Bank ab. Im Gegenzug erhalten sie Tauschbons *(bons de circulation),* die in Kupons von 5, 10, 20 und 100 Francs ausgegeben werden. Die Tauschbons verbriefen ein Anrecht auf den Bezug eines bestimmten Warenwertes. Um eine kontinuierliche Zirkulation zu gewährleisten, sind sie nicht als gesetzliche Zahlungsmittel einlösbar.» (Schneider 1995, S. 30). Diese Konzeption war sehr fortschrittlich und ging von Proudhons Maxime der Gegenseitigkeit (mutualité) aus. Es handelt sich in heutigen Worten um ein eigentliches Credit-Clearing-Verfahren. Proudhon schaffte es aber nicht, das notwendige Minimalkapital von 50 000 Francs in der gegebenen Frist zusammenzubringen. Insbesondere fiel er definitiv in Ungnade bei der neuen Regierung von Louis Napoleon und wurde nach einigen Wirren zu einer dreijährigen Haft verurteilt. Das hoffnungsvolle Projekt musste abgebrochen werden.

Proudhon schrieb später in einem Artikel in der Zeitung «Le peuple» vom 15.4.1899, dass er vom Januar bis März 1849 bereits 20 000 Namen von Interessenten gesammelt habe und diese einen Personenkreis von 60 000 Personen repräsentierten. Dies, weil viele kleine Handwerksbetriebe neue Absatzmärkte suchten. Weiter schrieb er: «Die drei Monate 1849, in denen das Prinzip des unentgeltlichen Kredits, wenn auch nicht angewendet und entwickelt, so doch wenigstens durch die Volksbank formuliert, konkret gemacht und in das öffentliche Bewusstsein eingebracht wurde, sind die schönste Zeit meines Lebens gewesen.»

Es dauerte anschließend mehr als 80 Jahre, bis das Prinzip zum Beispiel beim WIR-System oder anderen Währungen der 1930er Jahre wieder aufgegriffen wurde.

5.3 Edward Bellamy: Gleichstellung

Der amerikanische Journalist und Autor Edward Bellamy (1850–1898) schrieb einen Klassiker der utopischen Literatur «Looking backward 2000–1887» (ein Rückblick aus dem Jahre 2000 auf 1887), der ihn über Nacht zu einem Bestsellerautor machte. Er schildert darin eine utopische sozialistische Gesellschaft, die die soziale Frage weitgehend gelöst hat. Zentral dabei sind neue wirtschaftliche Strukturen und ein Verständnis von Arbeit als Beitrag zum Gemeinwohl. Ein entscheidendes Element ist ein anderes Geldsystem, das Bellamy beschreibt. Er stellt darin die Idee des Grundeinkommens vor, das mittels zentraler Kontoführung und Kreditkarten an alle Menschen ausgezahlt wird. Bellamy gilt deshalb auch als Erfinder der Kreditkarte. Entscheidend sind jedoch seine Ideen, wie die Koppelung der Wirtschaftsleistung mit den effektiven Bezügen der Menschen in Übereinstimmung gebracht werden können und wie durch eine wirtschaftliche Gleichstellung mit einem bedarfsgerechten Grundeinkommen eine Gesellschaft ohne Armut und Unterdrückung möglich ist.

Sein Buch löste vor allem in den USA eine Welle von Gründungen neuer Clubs aus, die seine Ideen verwirklichen wollten. Die hohe Aufmerksamkeit war aber nur von kurzer Dauer. Bellamy konnte nicht mehr an diesen Erfolg anknüpfen. Der Fortsetzungsband «Equality», 1897 veröffentlicht, wurde kaum mehr wahrgenommen, obwohl er weiter durchdacht war und viel mehr Einzelheiten seines vorgestellten Gesellschaftssystems enthüllte.

Bellamy starb 1898 an Tuberkulose. Die beiden Werke sind nach wie vor sehr aktuell und können heute via Projekt Gutenberg auch online gelesen werden.

5.4 Rudolf Steiner und die Anthroposophen

Der deutsch-österreichische Naturwissenschaftler und Philosoph Rudolf Steiner (1861–1925) bearbeitete in seinen Vorträgen und Schriften eine sehr große Themenvielfalt. Ein wichtiger Teil seines Werkes behandelt auch soziale und wirtschaftliche Fragestellungen. Steiner postulierte bereits 1904 eine notwendige Unterscheidung von Geld in verschiedenen Geldqualitäten (später von ihm dann als Kaufgeld, Leihgeld und Schenkgeld benannt). Er verwies außerdem darauf, dass Geld einem «Alterungsprozess» (Entwertungsprozess) unterworfen werden müsste, damit es seine Funktion als Wirtschaftsmittel erfüllen könnte. Er schlug vor, ein Verfallsdatum auf Geldscheine zu drucken. Junges, neues Geld würde als Kaufgeld geschaffen und altes Geld, das kurz vor dem Verfall steht, würde vor allem als Schenkgeld noch gebraucht werden können. Dabei geht Steiner von einem integralen Wirtschafts- und Gesellschaftsverständnis aus, das er als *Soziale Dreigliederung* bezeichnet. Seine wichtigsten Gedanken in diesem Zusammenhang sind im Vortragsband «Nationalökonomischer Kurs» aufgeführt.

Kurz nach dem Ersten Weltkrieg, versuchte Steiner, seine Idee der sozialen Dreigliederung als Lösung der sozialen Frage und für den Neuaufbau der Gesellschaft in Deutschland auch praktisch einzubringen. Trotz einiger Erfolge mit dem Aufbau von Betriebsräten und Firmenkonglomeraten mit deutschen und schweizerischen Firmen konnte sich das Gedankengut nicht durchsetzen und verschwand in den Wirren der Weimarer Republik praktisch vollständig aus der Öffentlichkeit.

Steiners Verdienst ist es, eine umfassende und sehr praxisorientierte Darstellung von Geld als zentralem Regulator wirtschaftlicher Vorgänge entworfen zu haben. Der Jurist und Professor für öffentliches Recht Dieter Suhr schrieb über Steiners Ansatz:

«Meiner Auffassung nach hat Rudolf Steiners *alterndes Geld,* ökonomisch präzisiert und verfeinert, grundlegende Vorteile. Es konvergiert mit einem Konzept von *Optimaler Liquidität,* das den liquiditätstheoretischen Ansatz, den Transaktionskostenansatz und wohlfahrtsökonomische Kriterien der neueren Geldtheorie miteinander zu einem geldordnungspolitischen System verbindet. Es kann daher viel Gutes im Wirtschaftsorganismus bewirken.» (Suhr 1988, S. 5f.)

Steiners Ideen haben trotz fehlender Anerkennung in der Fachwelt viele praktische Experimente und Projekte beeinflusst: Zum Beispiel sind die GLS-Treuhand und die GLS-Bank in Deutschland und auch der ▷ Chiemgauer in ihren Grundzügen von Steiner'schen Ideen geprägt.

Steiners Gedankengut wurde später in der anthroposophischen Strömung weiterentwickelt. Besonders intensiv befassten sich Wilhelm Schmundt (1898–1992) und Hans-Georg Schweppenhäuser (1898–1983) mit der Materie. Schmundt war Inspirator des Universalkünstlers Joseph Beuys (1921–1986), der in vielen seiner Werke ein neues Geldverständnis darstellt und zur Veränderung auffordert. Ein wichtiger Weiterdenker war auch der Erkenntniswissenschaftler und Unternehmer Herbert Witzenmann (1905–1988), der die Geldordnung als maßgebendes Zivilisationsprinzip beschrieb (vgl. Witzenmann 1995).

5.5 Silvio Gesell: Freigeld

Ein weiterer wichtiger Vordenker von anderem Geld war Silvio Gesell (1862–1930), ein deutsch-argentinischer Kaufmann und Begründer der sogenannten Freiwirtschaftslehre. Gesell sah den Zins zusammen mit dem privaten Bodenbesitz als wichtigste Ursachen für wirtschaftliche Fehlfunktionen. Er erkannte, dass Geld einen großen Vorteil gegenüber allen Waren und Leistungen bietet, indem es unvergänglich und viel einfacher zu handhaben und zu «lagern» ist. Diese Eigenschaft beschrieb auch John Maynard Keynes später und bezeichnete den Vorteil des Geldes über die Waren als *Liquiditätsprämie*. Das Resultat davon ist, das Geld nur mit Zinsen verliehen wird und die Funktion als Zahlungsmittel nicht mehr richtig erfüllt, da es gehortet wird. Gesell schlug in seinem Hauptwerk «Die natürliche Wirtschaftsordnung durch Freiland und Freigeld» als wichtigste Maßnahme zur Korrektur dieses Problems vor, Geld «rosten zu lassen», also einen Negativzins als *Umlaufsicherung* des (Bar-)Geldes einzuführen. Hier sind starke Parallelen zu Steiner vorhanden, der sich verschiedentlich sowohl zustimmend, als auch kritisch zu Gesell äußerte (vgl. Onken 1990). Gesell machte folgenden Umsetzungsvorschlag zu diesem Abschlag, der auch *Demurrage* genannt wird: Jeweils periodisch müssten Wertmarken auf die Geldscheine geklebt werden, um den Verlust des

Nennwertes wieder wettzumachen. Damit entstünde ein Freigeld, das zusammen mit der Lösung der Boden-Eigentumsfrage Grundlage einer neuen Wirtschaftsordnung werden sollte.

Gesell war 1919 sogar kurze Zeit *Volksbeauftragter für Finanzen* in der Revolutionsregierung der Räterepublik München. Seine Ideen wurden später immer wieder aufgenommen, werden jedoch bis heute in der Wirtschaftswissenschaft noch als Randerscheinungen betrachtet. (▷ Freigeld und ▷ Geldreform)

5.6 Edwin Clarence Riegel: Unternehmergeld

Edwin Clarence Riegel (1879–1953) war ein unabhängiger amerikanischer Gelehrter und Präsident der Consumer Guild of America. Er schlug ein komplett von staatlicher Kontrolle befreites Geld vor, das nach den Prinzipien eines Kreditsystems auf Gegenseitigkeit (mutual credit) primär zwischen Unternehmen aufgebaut werden sollte. Er nannte seinen Vorschlag *The Valun Universal Monetary System* (Valun = value unit). Die Basis bildet ein Gesellschaftsvertrag, der zwischen jenen Nutzern abgeschlossen wird, die miteinander handeln wollten (Riegel 2003b, S. 43). Hierin ging er viel weiter in eine mögliche Praxis als zum Beispiel Friedrich von Hayek, der später den Vorschlag der Entstaatlichung des Geldes hin zu ▷ Privaten Konkurrenzwährungen machte, jedoch weiterhin von durch Banken herausgegebenem Geld ausging (vgl. Hayek 1990, S. 46ff.). Bei Riegels Vorschlag ist das Geld durch die versprochene Leistung der Unternehmen gedeckt, während bei Hayek entweder andere Währungen oder dann letztendlich wieder «bankübliche Sicherheiten» zur Deckung verwendet werden sollen.

Riegels Ideen sind also viel stärker an die effektive Wirtschaftsleistung (Realwirtschaft) gebunden. Seine Vorschläge blieben jedoch längere Zeit unbekannt und wurden erst in den letzten Jahren wiederentdeckt und vor allem durch Thomas H. Greco Jr. (*1936) weiterentwickelt. Greco baut auf den Grundlagen von Riegel spezifische Grundsätze für die Architektur von Währungen auf, die für den erfolgreichen Aufbau neuer Währungen angewendet werden können (vgl. Greco 2009, S. 144ff.). Dieser Ansatz wird bereits sehr erfolgreich für den Entwurf und den Betrieb von alternativen Währungen im Bereich der Unternehmen angewendet.

5.7 Margrit Kennedy: Geld ohne Zinsen und Inflation

Ein wichtiger Impuls für die Weiterentwicklung alternativer Währungen, besonders im deutschsprachigen Raum, kam 1984 mit dem Buch «Geld ohne Zinsen und Inflation – Ein Tauschmittel, das jedem dient» von Margrit Kennedy (1939–2013). Die promovierte Stadtplanerin, Architektin und spätere Professorin an der Universität Hannover war auf das Thema Geld gestoßen, als sie 1982 für die Internationale Bauausstellung in Berlin ökologische Projekte planen sollte und ständig zu hören bekam, dass sich Umweltschutz «nicht rechnen» würde. Da habe sie den Zins und Zinseszins als eine unsichtbare Zerstörungsmaschine entdeckt, die die Realwirtschaft zu exponentiellem Wachstum zwinge, erzählte sie in einem Interview mit der Tageszeitung (taz) im September 2012. Kennedy arbeitete anfänglich stark mit dem Wirtschaftsanalytiker und Publizisten Helmut Creutz zusammen, der die Umverteilungseffekte der Zinswirtschaft rechnerisch nachwies. Diese Resultate wurden von ihr in sehr anschaulicher und klarer Weise einem breiteren Publikum vermittelt. Darüber hinaus erkannte sie klar, dass es auch eine Vielzahl von praktischen Versuchen und Experimenten brauchen würde, um einem neuen Geldverständnis zum Durchbruch zu verhelfen. So engagierte sie sich weltweit für alternative Währungen, unterstützte Neugründungen, untersuchte und initiierte neue Währungstypen und war auch Mitgründerin des Regiogeld-Netzwerkes in Deutschland.

Aus der Zusammenarbeit von Margrit Kennedy mit Bernard Lietaer entstand das Standardwerk «Regionalwährungen – Neue Wege zu nachhaltigem Wohlstand» (Kennedy/Lietaer 2004). Das von ihr gegründete Experten-Netzwerk MONNETA (Money Network Alliance) trägt ihre Arbeit weiter.

5.8 Bernard A. Lietaer: Komplementärwährungen

Als letzten in der Reihe der Vordenker eines anderen Geldes wird hier der bis heute sehr aktive belgische Finanzexperte Bernard A. Lietaer (*1942) vorgestellt. Als leitender Angestellter der Belgischen Zentralbank war er verantwortlich für die Einführung des ECU (European Currency Unit), des Vorläufers des Euro. Als Währungshändler des erfolgreichsten Offshore Hedgefonds Gaia wurde er 1990 von der Zeitschrift Business Week zum Welt-Top-Trader gewählt. Durch seine ungewöhnlich vielseitigen Funktionen innerhalb des Finanzsystems kam er zur fundierten Erkenntnis, dass ein anderes, stabileres Geldsystem eine dringende Notwendigkeit sei. Seinen Ansatz beschreibt er selber als ganzheitliche Systemanalyse: «Meine Art des ökonomischen Denkens ist in keiner Hinsicht von einer bestimmten akademischen Schule geprägt, sondern vom Blick auf das ganze System.» (Lietaer 1999, S. 21). Seine beiden Bücher «Das Geld der Zukunft» (1999) und «Mysterium Geld» (2000) sind Standardwerke über alternative Währungen und wurden in viele Sprachen übersetzt. Lietaer prägte den Begriff Komplementärwährungen mit und betonte die ergänzenden und sozialen Funktionen von neuen Währungen. Im Bericht des Club of Rome «Geld und Nachhaltigkeit», den Lietaer zusammen mit drei Co-Autoren erstellte, wird die Notwendigkeit eines vielgestaltigen *monetären Ökosystems* begründet. Um eine ausreichende (optimale) Nachhaltigkeit der wirtschaftlichen Tätigkeit der Menschheit zu erreichen, müsste die Effizienz des Geldsystems zugunsten von Vielfalt und Vernetzung (Resilienz) reduziert werden.

Nachhaltigkeit im monetären Ökosystem, systemisches Optimum
(nach Lietaer et al. 2013, S. 143)

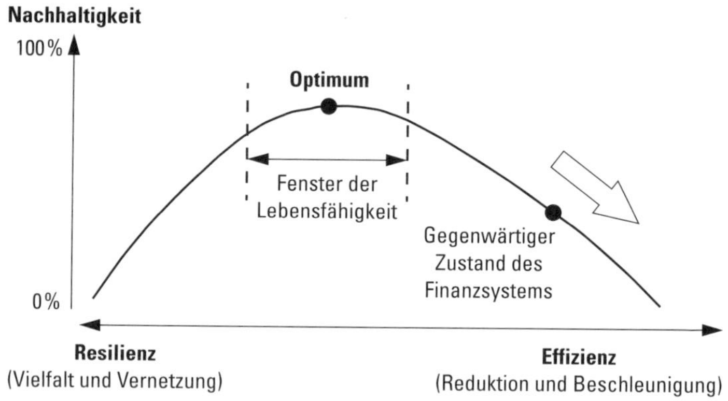

Bernard Lietaer ist heute freier Berater und hat Gastprofessuren an verschiedenen Universitäten inne. Er entwickelt laufend neue Konzepte und arbeitet weltweit für die Einführung von Parallelwährungen und die Reform des Geldsystems.

6 Alternativen im Laufe der Zeit

Geld war seit Beginn seines geschichtlichen Auftretens sehr vielgestaltig. Es wurde von weltlichen und geistlichen Herrschern, von Städten, geistigen Gemeinschaften, Gilden oder Privatpersonen (Händler, Geldverleiher) herausgegeben. Immer wieder gab es regionale oder imperiale Monopole und die Zahl und Qualität der Münzen wechselte häufig. De facto waren auf den Märkten jeweils Duzende von Münzsorten im Umlauf, die von lokalen Geldwechslern mit Gewinn in andere gerade gewünschte Sorten umgetauscht wurden. Als sich die Banknoten im 19. Jahrhundert gegenüber dem Münzgeld durchzusetzen begannen, existierten noch viele verschiedene Formen und Herausgabestellen. Zum Beispiel dienten Wechsel (persönliche Schuldscheine) ebenso wie Quittungen für deponierte Münzen als Zahlungsmittel. Erst die fortschreitende Nationalisierung und Monopolisierung der Währungen war der Anlass für die Entstehung von Alternativen.

6.1 Die Nationalisierung der Währungen

Alles begann mit Krieg und Schulden: Der englische König William III. und seine Regierung brauchten dringend Geld, um die Verluste aus verlorenen Schlachten zu decken und die englische Flotte neu aufzubauen. In einem cleveren Deal, der von William Paterson vorgeschlagen wurde, sollten die reichen Adligen und Händler der Krone das notwendige Geld leihen (zu acht Prozent Zinsen) und dafür eine Bank mit Namen *Bank of England* gründen dürfen, die ausgiebige Privilegien genießen sollte und unter anderem das Recht auf die Ausgabe von Banknoten bekam. So entstand 1694 das Urmodell unseres heutigen Banken- und Geldwesens aus einer Unterordnung des Souveräns unter die Bedürfnisse der Geldbesitzenden. Der Vorrang der Bank of England wurde weiter ausgebaut, so dass sie im Laufe der Zeit zur übergeordneten Bank der Banken *(lender of last resort)* in Großbritannien erhoben wurde. Erst im Jahr 1946 wurde sie zu einer staatlichen Institution umgewandelt, die vom Parlament kontrolliert wird, jedoch den Privatbanken den größten Teil der Geldschöpfung überlässt. (Robertson 2012, S. 54–55)

Die Gründung der Vereinigten Staaten von Amerika durch die Befreiung der nordamerikanischen Kolonien von England und die

1798 beginnende Französische Revolution waren einerseits auf die Befreiung des Individuums von feudalen Strukturen gerichtet, begründeten aber andererseits auch die moderne Form des Nationalstaates und beförderten das Gefühl einer nationalen Einheit. Die Revolution erstreckte sich aber nur bedingt auf das Geldwesen. Die Kosten der Revolution wurden auch durch private Kredite von sehr reichen Bank- und Handelshäusern finanziert, die sich im Gegenzug weitere Privilegien im Geldwesen sichern konnten.

Endgültig «nationalisierte» Banken und Währungssysteme im obengenannten hybriden Sinne entstanden dann Ende des 19. Jahrhunderts. Dabei wurden häufig die Ideen und Strukturen der Bank of England als Vorbild verwendet und private oder teilprivate National- oder Zentralbanken geschaffen.

6.2 ___ Frühe Alternativen

Bereits im Kapitel über die Vordenker eines anderen Geldes sind wir auf erste Versuche eingegangen, die durch Robert Owen, Josiah Warren und Pierre-Joseph Proudhon initiiert wurden. In der Gewerkschafts- und Arbeiterbewegung des 19. Jahrhunderts spielte die Frage über eigenes Geld immer wieder eine wenn auch meist nebensächliche Rolle. Praktische Gesichtspunkte waren viel ausschlaggebender, wie beim Marken- oder Konsumgeld von Konsumgenossenschaften oder -vereinen. Ohne großen ideologischen Überbau erreichten diese Systeme eine beachtliche Wirkung und Verbreitung.

Konsumgeld

In den Jahren zwischen 1860 und 1942 wurden bei vielen Konsumvereinen (eigentlich Konsumgenossenschaften) in Deutschland, Österreich und der Schweiz *Marken* im Geschäftsverkehr mit den Mitgliedern und Lieferanten verwendet. Die Marken dienten dazu, die sogenannte Rückvergütung zu handhaben. Die Mitglieder von Konsumgenossenschaften erhielten auf die Summe ihrer Einkäufe je nach Geschäftsgang der Genossenschaften einen Betrag zurückerstattet. Dabei wurden drei grundsätzlich verschiedene Systeme verwendet:

1. *Kontrollmarkensystem (Metallmünzen):* Die Mitglieder erhielten bei jedem Einkauf Marken in der Höhe des getätigten Einkaufs. Diese konnten dann in regelmäßigen Abständen zur Rückvergütung beim Verein abgeliefert werden. Eine typische Rückvergütung umfasste sieben Prozent der Einkäufe, die das Mitglied in regulärem Geld ausbezahlt erhielt.
2. *Rollmarkensystem (Papier-Klebemarken):* Diese Marken wurden von einer Rolle abgezogen und in der Höhe des Einkaufsbetrages abgegeben. Sie mussten in ein Heft geklebt werden und die vollen Hefte wurden in einen entsprechenden Geldbetrag umgetauscht. Dieses System ist das klassische Rabattmarkensystem, das sich bis heute an vielen Orten auch außerhalb von Genossenschaften gehalten hat.
3. *Kreditmarkensystem (Metallmünzen):* Die Mitglieder mussten die Marken kaufen und bezahlten damit dann ihre Einkäufe. Dieses System war das interessanteste und weitreichendste und wird anschließend weiter ausgeführt.

Kreditmarken wurden zuerst verwendet, um Vertragslieferanten der Konsumvereine zu bezahlen oder zu ermöglichen, dass Mitglieder direkt bei diesen einkaufen konnten und trotzdem auf diese Einkäufe eine Rückvergütung erhielten. Die Lieferanten konnten dann die Marken beim Konsumverein unter Abzug des ausgemachten Rabattes wieder einlösen. Bald zeigte sich aber ein weiterer Vorteil des Systems: Indem die Mitglieder zum Voraus bestimmte Mengen an Marken bezogen, erhielt der Verein einen in der Praxis nicht unbedeutenden zinslosen Kredit in regulärem Geld. Außerdem konnte die Rückvergütung ebenfalls vereinfacht werden, denn man hatte dafür nur die Summe der bezogenen Marken pro Haushalt zu registrieren. Das Kreditmarkensystem wurde erstmals im größeren Umfang von Eduard Pfeiffer im Stuttgarter Konsumverein umgesetzt. Die Erfolge führten dazu, dass viele Konsumvereine, vorwiegend in Süddeutschland, Österreich und der Schweiz, dieses Geschäftsmodell ebenfalls einführten.

Das bekannteste Beispiel in der Schweiz war wohl der Allgemeine Consumverein (A. C. V.) in Basel. Dieser führte 1880 Kupfermarken zu 5, 20 und 50 Centimes, 1 und 5 Franken ein, die ein vorausgehendes System mit Papiermarken ablösten. Später kam auch ein 1-Centimes-Stück dazu. Ab dem Jahr 1893 führte ein Angriff gegen dieses sogenannte *Consigeld* wegen angeblicher Verletzung des Münzregals (Gesetz) dazu, dass die Bezeichnungen Franken und Centimes weggelassen wurden. Das Markengeld war sehr beliebt und wertstabil und stellte dem Consumverein ein ansehnliches, zinsfreies Kapital in Schweizerfranken zur Verfügung. Anfang Januar 1908 waren zum Beispiel für 170 501.89 Franken Marken im Umlauf, was einem Betrag pro Mitglied von 5.71 Franken entsprach (Genossenschaftliches Volksblatt vom 19.2.1909).

Während das Konsumgeld den ersten Weltkrieg noch unbeschadet überstanden hatte, wurde ihm seine Metallhaltigkeit im zweiten Weltkrieg zum Verhängnis. Aufgrund der Buntmetallknappheit mussten die Münzen 1942 eingezogen und an das Kriegs-, Industrie- und Arbeitsamt in Bern abgeliefert werden. Damit war die Ära dieses Parallelgeldes beendet, das lange Zeit in der Region Basel erfolgreich im Umlauf war.

Konsumgeld des ACV Basel, Münzsatz ca. 1930

Bethel-Geld

Eine spezielle und bis heute weiter bestehende alternative Währung des Konsumgeld-Typs wurde in den von Bodelschwinghschen Stiftungen Bethel für Menschen mit Behinderung in Bielefeld eingeführt: die *Bethel-Mark.* Die in der Stiftung integrierten Betriebe registrierten die Höhe der Bareinkäufe von Anstaltsangehörigen und Mitarbeitenden in Quittungsbüchern. Die Kunden erhielten, gleich wie in den Konsumgenossenschaften, am Jahresende eine Rückvergütung aus den Gewinnen der Betheler Geschäfte. Dieses System war so umfangreich geworden, dass im Jahre 1908 die Quittungsbücher durch Warengutscheine, das heute noch existierende Bethel-Geld, ersetzt wurden. Dieses war im Gegensatz zu den meisten Konsumgeldern von Anfang an als Papiergeld konzipiert und wurde in Scheinen zu Pfennig- und Markwerten herausgegeben. Dabei erhielten die Berechtigten, die das reguläre Geld in Bethel-Mark umtauschten und damit bezahlten, einen direkten Einkaufsvorteil von fünf Prozent in den Geschäften.

Die *Bethel-Mark* diente auch dazu, die Kaufkraft an Ort zu halten und die weitläufigen Sozialwerke zu unterstützen, war nur für

Bethel-Euro-Schein (Rückseite)

Bewohner, Mitarbeiter und Betreute bestimmt und durfte als «Gutschein» auch nur von eigens bezeichneten Geschäften zurückgetauscht werden. So konnte eine Nische in der deutschen Gesetzgebung, die eigentlich jegliches Nachmachen von Geldscheinen verbietet, bis heute besetzt werden. Die Bethel-Mark machte alle Höhen und Tiefen der deutschen Währung mit und wurde im März 2002 mit der Einführung des Euro angepasst zum Bethel-Euro.

6.3 Die Entstehung des weltweiten Finanzsystems

Durch den immer weiter sich aufbauenden Welthandel vervielfachten sich die internationalen Geldströme. Die Nationalbanken wurden deshalb immer wichtiger als Instrumente zur Beeinflussung und zum Ausgleich der internationalen Geldflüsse. Dies musste sowohl politisch als auch finanztechnisch koordiniert werden. Eine erste Institution dafür entstand 1930 in der Folge des ersten Weltkrieges, als es darum ging, die gewaltigen Reparationsschulden Deutschlands finanziell abzuwickeln: Die Bank für Internationalen Zahlungsausgleich (BIZ) in Basel.

Zwei weitere Instrumente wurden 1944 an der Bretton-Woods-Konferenz angelegt: Der Internationale Währungsfonds (IWF) und die Weltbank. An der gleichen Konferenz wurde durch die Amerikaner als bereits feststehende Kriegsgewinner der damals noch an Gold gebundene Dollar als internationale Leitwährung festgesetzt. Dies ist bis heute gültig und erlaubt den USA eine exzessive Schuldenpolitik zulasten aller anderen Länder der Welt. Damit wurde auch das generelle Verständnis von Geld immer stärker von einer monopolartigen «Einheitswährung» nach dem Muster des Dollars geprägt.

6.4 Alternativen aus der Not 1914–1949

Die Entwicklung zur «Einheitswährung» verlief nicht glatt, sondern war geprägt von großen Krisen und Einschnitten. Diese begünstigten immer wieder das Entstehen von Alternativen, auch wenn diese häufig zeitlich beschränkt blieben.

Notgeld

Der erste Weltkrieg beanspruchte alle Ressourcen der isolierten Mittelmächte Deutschland und Österreich und führte dazu, dass Silbermünzen gehortet wurden und wegen der für die Waffenindustrie notwendigen Metalle nicht mehr genügend Kleingeld zur Verfügung stand. Viele Gemeinden begannen deshalb, eigenes Notgeld herauszugeben, um diesen Mangel lokal zu beheben. Dies wurde anfänglich durch die Reichsbank toleriert. Nach dem Krieg wurden diese Scheine vermehrt für Sammler attraktiv und es setzte eine wahre Flut von farbigen Bildchen (sogenannte Serienscheine) ein.

Notgeld der Stadt Wörlitz (heute Oranienbaum-Wörlitz in Sachsen-Anhalt)

Das Notgeld wurde kaum noch zum Ausgeben genutzt, sondern weitläufig gehandelt. Diese ausufernde Praxis führte 1922 zu einem Verbot der Notgeldausgabe.

Der erste Weltkrieg hatte Menschen und Wirtschaft in Europa und insbesondere in Deutschland schwer mitgenommen. Die Deutsche Reichsmark war durch die massiven Kriegsausgaben und die exzessive Geldvermehrung, mit der ein großer Teil des Krieges finanziert worden war, stark in ihrem Wert angeschlagen. Die ungeheuren Reparationsforderungen der Kriegsgewinner trugen ein Übriges dazu bei, dass sich die deutsche Wirtschaft kaum erholen konnte. So entstand eine Hyperinflation bei der im Extremstand Ende 1923 ein Dollar den Gegenwert von 4,2 Billionen Mark erreichte. Trotz Verbot wurde auch in dieser Periode durch Gemeinden oder Betriebe weiter Notgeld herausgegeben, diesmal auch, um das immer schneller wachsende Bedürfnis nach noch größeren Notenbeträgen abzudecken. Die Währungsreform durch die Rentenmark setzte dieser Entwicklung ein Ende. Ab 1924 kehrte die deutsche Währung wieder in einigermaßen stabile Bereiche zurück. Die Wirtschaftskrisen gingen jedoch weiter. Am 24. Oktober 1929 ereignete sich der Börsencrash an der Wallstreet in New York, der in der Folge die ganze westliche Welt in die bisher größte Wirtschaftskrise stürzte. In der Folge kamen ganz neue Ideen für alternative Währungen ins Spiel.

Wära – Wörgl – WIR

Das neue Währungsproblem, das durch die Krise entstand, war die Deflation. Dabei wird das Geld gehortet und zurückgehalten, man wartet auf bessere Zeiten. Die Verkäufe brechen ein und damit bricht auch die Produktion zusammen, die Preise sinken und die Arbeitslosigkeit steigt, was den Kreislauf des Geldes weiter verringert. Dies war die Zeit für die auf Silvio Gesells Ideen aufbauende Freiwirtschaft. Bereits 1929 wurde in Erfurt die Wära-Tauschgesellschaft als *Vereinigung zur Bekämpfung von Absatzstockung und Arbeitslosigkeit* gegründet. Nach zwei Jahren hatten sich mehr als eintausend Firmen aus dem damaligen Deutschen Reich als Mitglieder angeschlossen (vgl. Onken 1997, S. 38). Die Gesellschaft gab Wära-Scheine heraus, die jeden Monat ein Prozent des Wertes verloren, der durch eine Klebemarke ausgeglichen werden musste (▷ Freigeld). Horten lohnte sich also nicht und so wurde der rasche Umlauf der Scheine gesichert. Einen – wenn auch nur kurzen – Erfolg hatte die Wära in der bayerischen Gemeinde Schwanenkirchen, wo der mutige Unternehmer Max Hebecker eine stillgelegtes Kohlenbergwerk mit einem Wära-Kredit wieder in Betrieb nehmen konnte und wo bald das ganze Dorf mit Hilfe der Wära zu florieren begann. Der Erfolg gegen die Krise wurde aber von Seiten der Reichsbehörden keineswegs geschätzt. Im Gegenteil wurde befürchtet, dass die Wära sich als Konkurrenz der Reichsmark etablieren könnte und so wurde durch eine Notverordnung am 30. Oktober 1931 alles Notgeld und im Speziellen die Wära verboten.

Das Beispiel der erfolgreichen Wära war aber bereits weitherum bekannt geworden, so auch in der krisengebeutelten österreichischen Stadt Wörgl im Tirol. Dort wurde durch die Initiative des Bürgermeisters Michael Unterguggenberger eine Selbsthilfeaktion auf Gemeindeebene in Gange gesetzt. Die Zahl der Arbeitslosen in der Marktgemeinde mit 4216 Einwohnern betrug 1932 etwa 400 Personen, davon etwa 200 Ausgesteuerte (vgl. Schwarz 2008, S. 40). Unterguggenberger ortete den Kern des Problems im viel zu niedrigen Geldumlauf und griff die Ideen Gesells auf. Die Gemeinde beschloss, eigene Arbeitswertscheine im Werte von 1, 5 und 10 Schilling herauszugeben, auf deren Rückseite unter anderem gedruckt stand: «Die Menschen leben vom Austausch ihrer Leistungen. Der langsame Geldumlauf hat den Leistungsaustausch zum großen Teil unterbunden und Millionen arbeitsloser Menschen haben dadurch bereits ihren Lebensraum im Wirtschaftsgetriebe verloren. – Der

Arbeitswertbestätigung der Gemeinde Wörgl. Vorderseite des 1-Schilling-Scheines mit monatlichen Klebemarken von 1% des Wertes.

Leistungsaustausch muß daher wieder gehoben und der Lebensraum für alle bereits Ausgestoßenen wieder zurückgewonnen werden. Diesem Ziele dient der Arbeitsbestätigungsschein der Marktgemeinde Wörgl: Er lindert die Not, gibt Arbeit und Brot!»

Der Nennwert der Scheine wurde in Schilling auf der örtlichen Sparkasse hinterlegt und mit der Herausgabe wurde am 31.7.1932 gestartet. Der Erfolg stellte sich sehr rasch ein, die Gemeinde erhielt ausstehende Steuern gezahlt und konnte damit notwendige Baumaßnahmen finanzieren. Dies setze einen positiven Kreislauf in Gange, bei dem die Arbeitslosigkeit in Wörgl innert eines Jahres um 25% abnahm und insgesamt die ganze Lokalwirtschaft wieder in Schwung kam. Dieser Erfolg erregte internationales Aufsehen und Politiker und Delegationen aus mehreren Ländern besuchten die Stadt zu Studienzwecken (vgl. Onken 1997, S. 45). Doch der Aufschwung war von kurzer Dauer, denn die österreichische Nationalbank schritt ein und verbot Wörgl bereits am 5.1.1933 die Herausgabe eigenen Geldes. Unterguggenberger wehrte sich, legte Berufung ein und konnte so das Experiment noch bis im September 1933 weiterführen, dann mussten die Arbeitswertscheine wieder aus dem Verkehr gezogen werden. Auch in Österreich wurde die Geldpolitik der Regierung weitergeführt. Man wollte nichts aus dem «Wunder von Wörgl» lernen und bereitete damit dem Nationalsozialismus den Boden, was 1938 zum Scheitern des Staates und zur Besetzung durch Nazideutschland führte.

Nur in der Schweiz nahm die Geschichte einen anderen Lauf: Obwohl auch hier die Wära verboten wurde, gelang es einem anderen System, dem des Wirtschaftsrings (WIR), sich zu etablieren. Dabei spielte eine große Rolle, dass es zur Hauptsache ein bargeldloses Verrechnungssystem darstellte, das nach dem Muster des deutschen Ausgleichskassensystems und seines Ablegers des J. A. K.-Clearing in Dänemark funktionierte. Der Wirtschaftsring wurde 1934 als Genossenschaft in Zürich gegründet. Auch freiwirtschaftliche Elemente wurden eingesetzt, zum Beispiel existierten anfänglich auch Barzahlungsmittel mit monatlichen Klebemarken. Der Wirtschaftsring wurde nicht verboten, sondern stattdessen von den Behörden mit einer Banklizenz ausgestattet, um ihn unter Kontrolle zu halten und kann eine bis heute andauernde Erfolgsgeschichte aufweisen. (▷ WIR)

Stamp Scrip

Bis in die Vereinigten Staaten dehnte sich der Einfluss des Wörgler Freigeld-Experimentes aus. Einer der bekanntesten Ökonomen, Irving Fisher, unterstützte die Idee und veröffentlichte 1933 ein Handbuch zum Thema. Die Notsituation hatte zu ausgedehnten Tauschtätigkeiten (swapping) geführt. Fisher schätzte, dass 1933 bereits 400 Tauschorganisationen existierten, die der Bevölkerung über den latenten Mangel an Landeswährung hinweghalfen. Auch die direkte Behebung der Geldknappheit wurde verschiedenenorts angegangen und eigenes Notgeld herausgegeben. Dabei wurde meist ein System mit Marken oder Stempel eingesetzt (Stamp Scrip). Interessanterweise entstand an vielen Orten zuerst eine Version, bei der die Marken immer beim Übergang zum nächsten Verkäufer aufgeklebt werden mussten (transaction-based stamp scrip, vgl. Godschalk 2012, S. 68). Auch wurden viel höhere Gebühren und häufigere Klebung der Marken verlangt (z.B. 2% des Nennwerts pro Woche, was einem Satz von 104% pro Jahr entspricht, Schwarz 2008, S. 69). Dies hatte zur Folge, dass der Umlauf der Scheine wohl eher gebremst wurde. Fisher empfahl deshalb sehr deutlich das Gesell'sche Modell mit den termingebundenen, moderaten Monatsmarken. Dieses setzte sich jedoch nicht durch. Als die Bewegung weitere Kreise umfasste und auch größere Städte mitmachen wollten, wurde der Druck von Notgeld von der Regierung Roosevelt am 4. März 1933 untersagt. Trotzdem gaben einige Gemeinden noch Stamp-Scrip-Noten bis ins Jahre 1939 heraus.

Kriegszeit

Der hereinbrechende zweite Weltkrieg markiert gleichzeitig die völlige Veränderung der wirtschaftlichen Situation. Die Not wurde größer, je länger der Krieg dauerte. Auch auf dem Gebiet der Währungen ist einiges verzeichnet, was außergewöhnlich, vielleicht sogar alternativ war, aber praktische Beispiele sind häufig fast nicht dokumentiert. Diese Währungen verschwanden auch zumeist rasch wieder, sobald sich die Zustände änderten. In Deutschland und in einigen besetzten Ländern gab es bereits während des Krieges sogenannte Tauschzentralen, die von den Nationalsozialisten als Alternative zum Schwarzmarkt gefördert wurden. Diese Systeme wurden auch nach dem Krieg von den Alliierten in allen Besatzungszonen eine Zeit lang gefördert (vgl. Schroeder 2015 und www.tauschzentralen.de). Ein bekannteres Beispiel war die Zigarettenwährung nach dem Zusammenbruch Deutschlands, als viele Tauschgeschäfte mittels standardisierten «Wertgütern» zustande kamen. Eine Zigarette stellte dabei eine Werteinheit von etwa 10 Reichsmark dar.

Ein anderes Konzept, um dem akuten Mangel entgegenzuwirken, verfolgte der bereits im Sommer 1945 auf Initiative von zwanzig Fach- und Einzelhändlern in Stuttgart gegründete Groß-Stuttgarter Tauschring. Dabei wurden sie von der amerikanischen Militärregierung unterstützt. Neben der besseren Versorgung sollte auch eine Austrocknung des Schwarzmarktes erreicht werden (vgl. Hubert 2004, S. 112)

Die Situation änderte sich mit der erfolgreichen Währungsreform 1948: Die Glimmstengel wurden wieder zu normalen Gegenständen des Verbrauchs und die Tauschringe verschwanden.

Ebenfalls ein Markstein in dieser Epoche fand an höchster Stelle statt: An der Konferenz von Bretton Woods 1944 machte John Maynard Keynes den revolutionären Vorschlag, eine übergeordnete Welt-Verrechnungswährung, den *Bancor,* einzuführen, um die internationalen Zahlungsbilanzen auszugleichen. Der Vorschlag wurde jedoch abgelehnt und verschwand in den Schubladen. Wir hätten vermutlich eine ganz andere Welt heute, wenn er angenommen worden wäre.

6.5 Nachkriegszeit 1949–1995

Dürreperiode Hochkonjunktur

Die heraufziehende Zeit der Hochkonjunktur und des kalten Krieges ließ den Bedarf nach Alternativen rapide sinken. Es haftete ihnen vielleicht auch zu stark eine Aura von Depression und Not an. Jetzt wollte man modern sein und den Weltraum erobern. Technik und Fortschritt, das waren die Motoren dieser Zeit. Dennoch gab es einzelne Versuche und Experimente: So wurden zum Beispiel zwei WIR-Wirtschaftsringe nach Schweizer Vorbild in Berlin (1950) und Nürnberg (1954) gegründet. Dem Berliner Ring wurde 1964 nach etlichen Gerichtsverfahren die Gewerbezulassung gemäß Kreditwirtschaftsgesetz entzogen. Der Ring in Nürnberg wurde 1977 ohne genauere Gründe aus dem Handelsregister gelöscht (vgl. Schneider 1995, S. 40–42).

Erst als der Boom durch die erste Ölkrise 1973 gebrochen wurde und auch die Auswirkungen der exzessiven Ausbeutung der Rohstoffe zum Beispiel im Bericht des Club of Rome 1972 deutlich aufgezeigt wurden (Meadows et al. 1974), konnten alternative Währungsideen langsam wieder Fuß fassen. Zuerst, fast unbemerkt von der restlichen Welt, entstanden neue Systeme in Japan. Die erste Zeitbank (Volunteer Labour Bank, VLB) wurde von Teruko Mizushima bereits 1973 in Osaka eingerichtet (vgl. Hayashi 2012, S. 33).

Wiederentdeckung ab 1980

Im Jahr 1976 startete David Weston, ein Ökonom und Soziologe in Vancouver City, ein «Community Exchange»-System, basierend auf der Zeit als Vergleichsmedium. Drei Jahre später schuf er ein ähnliches System in Vancouver Island mit einem Simulationsspiel, das die allgemeinen Mechanismen des Geldes erklärte (vgl. Amorevole/Rizzo 2000, S. 31). Er bereitete den Boden, aber wieder war es eine lokale Wirtschaftskrise, die den nächsten größeren Schritt in der Entwicklung von alternativen Währungen forcierte.

Als in der Ortschaft Courtenay in Britisch Kolumbien, Kanada, eine Basis der US-Luftwaffe geschlossen wurde und gleichzeitig eine großes Sägewerk verschwand, breitete sich Arbeitslosigkeit aus. Michael Linton, ein Professor für Wirtschaftswissenschaften, entkoppelte das Modell von Weston von der Zeit, nannte die Währungseinheit «Green Dollars» und gab ihm den Namen LETS (Local Exchange Trading System). Er schuf dafür ein einfaches Computerprogramm für die Kontoführung, und mit dem System konnte in den ersten beiden Jahren bereits ein beachtlicher Umsatz erzielt werden. Daraufhin verbesserte Weston das System, indem er Kreditlimiten und weitere Regeln einführte, die die Stabilität förderten. Weston und Linton stellten 1986 jeweils ihren Typ des Modells an einer Konferenz über alternative Ökonomie in London einer breiteren Öffentlichkeit vor. Von da aus verbreitete sich vor allem das erfolgreichere Schema von Weston rasch über die englischsprachige Welt (vgl. Amorevole/Rizzo 2000, S. 31–33). (▷ LETS)

Fast gleichzeitig entwickelte Edgar Cahn das Konzept der *Time Banks* (Zeitbanken). Eine der ersten Organisationen, die gegründet wurden, war die St. Louis Timebank 1981. In folgenden Punkten unterscheidet sich *time bank* wesentlich von LETS:

- Die Einheit der Währung ist Zeit. Dabei gilt eine Stunde jeder Sorte von Arbeit als gleich. Dies führt zu einem anderen Wertesystem.
- Der Fokus liegt auf der sozialen Aktivierung und Netzwerkbildung. Es ist keine eigentliche Krisenwährung und auch ist keine Veränderung des gesamten Währungssystems intendiert. (▷ Zeittausch)

In der englischsprachigen Welt wird sehr klar unterschieden zwischen LETS und Zeitbanken, auch weil TimeBank™ ein klar abgegrenztes Konzept mit einer eingetragenen Marke ist. Dagegen werden in den Tauschringen oder Tauschkreisen der deutschsprachigen Gebiete diese beiden Konzepte häufig vermischt oder sogar unter dem Gesichtspunkt des Zeittausches einfach zusammengefasst. (▷ LETS und ▷ Zeittausch)

Motivierende Experimente ab 1990

Ein neues Prinzip wurde von Paul Glover in Ithaca im Norden des Staates New York eingeführt. «Im November 1991 startete er eine Komplementärwährung, die die Bewohner ermutigen sollte, ihr Geld und ihre Zeit auf die eigene Stadt zu verwenden.» (Lietaer 1999, S. 315) Eine Ithaca Hour hatte einen Wert von 10 Dollar, also etwa einer Arbeitsstunde. Es existieren Scheine von 2 Hours sowie 1, $\frac{1}{2}$, $\frac{1}{4}$, $\frac{1}{8}$ und $\frac{1}{10}$ Hour, die von den teilnehmenden Geschäften

Ithaca-Hour-Noten aus verschiedenen Phasen

oder der Zentrale herausgegeben wurden und im Prinzip auch gegen Dollar gekauft werden können, aber nicht rücktauschbar sind. Die Ithaca-Hour-Währung war viele Jahre lang ein aufsehenerregendes, erfolgreiches Beispiel und ist bis heute aktiv.

Am Parteitag der CDU Baden-Württemberg im April 1989 stellte Ministerpräsident Lothar Späth erstmals die Idee der Seniorengenossenschaften der Öffentlichkeit vor. Er hatte bei einem Aufenthalt in den USA das System der Zeitbanken kennengelernt und leitete davon eine Möglichkeit ab, wie das wachsende Problem der Altenpflege angegangen werden könnte. Neu an der Idee Seniorengenossenschaft war, dass ein Bürgerengagement auf Gegenseitigkeit in Form der Genossenschaft zugrundegelegt wurde. Dabei erwerben Mitglieder, die Dienstleistungen für andere Senioren übernehmen, Ansprüche auf eigene Versorgung (vgl. Köstler 2006, S. 94). Diese Guthaben werden häufig mittels Zeit- oder Punktekonten erfasst (▷ Zeittausch, auch Zeitsparen, siehe Köstler 2007, S. 142ff.), teilweise aber auch mit Eurobeträgen vergütet. Mit staatlicher Unterstützung wurde daraus ein erfolgreiches Modellprojekt entwickelt, das sich später in Deutschland verbreitete.

Hingegen waren die fast zur gleichen Zeit gründenden Tauschringe in Deutschland stärker von den ursprünglichen LETS-Prinzipien geprägt. Ein erster Tauschring soll 1988 in Wolfenbüttel bei Braunschweig im Umfeld einer Evangelischen Familienbildungsstätte gegründet worden sein (vgl. Hinz/Wagner 2010, S. 62). Eine andere Quelle gibt den 1992 durch Pfarrer Helmut Becker in Döhlau gegründeten Tauschring *döMak* (Döhlauer Mitarbeiterkredit) «als einen der ersten» in Deutschland an (Kulessa 2003, S. 10). Die Tauschringe wurden keineswegs nach einheitlichem Konzept gegründet, häufig wurde aus in Büchern vorgeschlagenen Konzepten, aus Zeitungsberichten über bereits gestartete Projekte, eigenen Erfahrungen und gemeinsamen Ideen der Gründergruppe mit viel Enthusiasmus eine eigenständige Form kreiert.

Anfänglich brach ein richtiger Gründungsboom aus. Ende 1996 wurden 114 Tauschringe in Deutschland gezählt (PaySys 2007, S. 45), 2005 gemäß einer Studie 436, wovon 316 sich effektiv an der Studie beteiligten (Hinz/Wagner 2010, S. 66). In den letzten Jahren hat sich die Zahl stabilisiert, so dass heute geschätzt weit über 300 Tauschringe aktiv sind (nach www.tauschringadressen.de, 12.12.2015).

Die anfänglich sozialkritischen und geldreformerischen Anteile der Tauschringbewegung reduzierten sich mit der Zeit immer stärker zugunsten von Gemeinschaftsbildung und Freizeitaktivität, so dass sich heute diese Bewegung kaum mehr als Träger von alternativen Währungen sieht: «Wir verstehen Tauschring nicht in erster Linie als ein ökonomisches Währungssystem, sondern als freiwilliges und verbindliches, soziales Vertrauensnetzwerk von Menschen, die sich im besten Fall persönlich kennen.» (Aussage auf der Begrüßungsseite des deutschen Tauschmagazins www.tauschmagazin.de, Zugriff 11.8.2016)

Etwa zeitgleich wurden auch in der Schweiz wieder Experimente mit alternativer Währung gestartet. Eine erste Währung wurde vom kurz zuvor gegründeten Verein FleXibles in Zürich entwickelt und Ende September 1992 erstmals unter den Mitgliedern in Umlauf gesetzt. Die Währung wurde Flecü genannt, ein Zusammenzug aus dem Vereinsnamen und der damaligen europäischen Verrechnungseinheit Ecu. Das eigenständige System arbeitete mit Scheinen von 1, 3, 10, 30 und 100 Fü (Flecü), die bei jeder Weitergabe mit Zweck und Namen zu unterzeichnen waren. Dadurch sollte Transparenz in den Geldfluss gebracht werden und unlautere Geldverwendung (Drogen, Waffen, Glücksspiele) erschwert werden. Außerdem sollten die wirtschaftlichen Vorgänge für alle besser nachvollziehbar werden. Ein wichtiges Ziel war, die etwa 100 dem Verein angeschlossenen Selbständigerwerbenden und Kleinunternehmen wirtschaftlich zu stärken.

Flecü, das schräge Tauschmittel:
Rückseite eines 30-Fü-Scheines mit viermaliger Eintragung der Weitergabe.

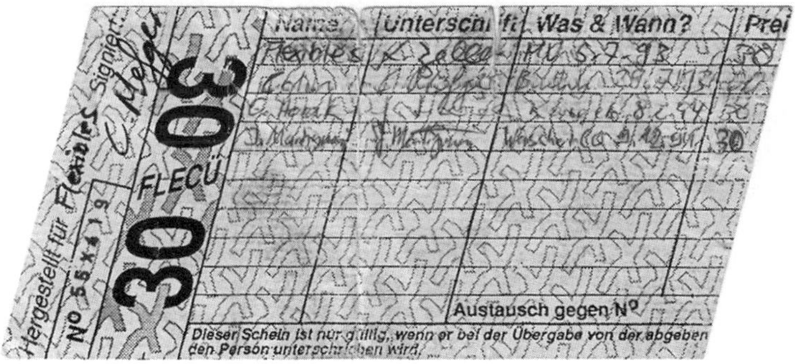

Die Flecü-Scheine waren rund drei Jahre im Umlauf, bevor das Experiment 1995 wegen größeren personellen und strukturellen Veränderungen im Verein eingestellt wurde.

In der Schweiz hatte von 1946 bis 1990 eine Liberalsozialistische Partei existiert, die sich direkt auf die freiwirtschaftlichen Ideen Silvio Gesells berief. Die Partei ging in der Internationalen Vereinigung für Natürliche Wirtschaftsordnung (INWO) auf. Im Jahre 1992 veranstaltete diese Organisation die Tagung «Alternative Geldsysteme» in Aarau, an der neben wichtigen Exponenten der Geldreformbewegung auch eine Referentin aus Kanada über LETS berichtete. Die Tagung war die Initialzündung zur Gründung einer neuen alternativen Währung, dem *Talent,* das freiwirtschaftliche Ideen mit dem LETS-System kombinierte. Ein weiteres Element, das dazukam, waren transparente Kontostände, durch die ein bewussterer Umgang mit Geld und die nach wie vor angestrebte grundlegende Geldreform unterstützt werden sollte (vgl. Estermann 1994). Das Talent-Experiment startete 1993, bereits ausgerüstet mit eigens entwickelter Buchungssoftware, mit parallelem Bargeld (Noten) und Girogeld. Ein Talent (Tt.) entsprach einem Schweizer Franken. Jeder Teilnehmer konnte sein Konto um maximal 700 Talent überziehen. Bis im Dezember 1995 waren bereits 761 Konten registriert und ein Umsatz in Höhe von 504 688 Talent war getätigt worden (vgl. PaySys 2007, S. 44). Das Konzept und der Begriff «Talent» für die Währungseinheit verbreitete sich rasch. Vor allem in Süddeutschland und Österreich, aber auch international, entstanden eine große Zahl weiterer Systeme nach Schweizer Vorbild, von denen einige bis heute Bestand haben. Das Experiment in der Schweiz kam aber nach einigen guten Jahren ins Stocken. Der Graben zwischen übergeordneten Geldreformbestrebungen und dem mehr gruppenbezogenen praktischen Verständnis des Talents führte 2001 zu einer Trennung von der INWO und zur Gründung eines eigenen Vereins Talent Schweiz. Das Bargeld wurde fallengelassen und inhaltlich und technisch näherte man sich ab dann stark an andere Tauschkreise und LETS-Systeme an. Eine Umlaufgebühr (Demurrage) auf die positiven Kontostände wird jedoch bis heute noch eingesetzt.

6.6 Krisen und neue Konzepte ab 1995

Durch den Zusammenbruch des sowjetischen Kommunismus gewannen ab 1989 die neoliberalen Wirtschaftsmodelle weiter an Einfluss und wurden ab Mitte der 1990er Jahre zur alleinig herrschenden Wirtschaftsvorstellung. Produktionsgewinne und die massive Ausbeutung der natürlichen Ressourcen hatten Milliardengewinne erzeugt, die sich in den Händen von wenigen konzentrierten. Diese wollten ihr Vermögen noch weiter vergrößern und suchten neue Anlagemöglichkeiten. Das Kapital sollte gewinnbringend «investiert» werden, aber wo? Die Entwicklungsländer und viele Konsumenten waren bereits maximal verschuldet, und es mussten also neue Bereiche für die Anlage von privatem Finanzkapital geöffnet werden. Darum wurde der radikale Abbau von Handelsbeschränkungen, die Privatisierung von Staatsbetrieben und Gemeinschaftsaufgaben, sowie eine totale Deregulierung der Finanzmärkte vorangetrieben. Ein entscheidender Schritt war 1999 in den USA die Aufhebung des Glass-Steagall-Acts zur Regulierung der Banken.

Währungskrise in Argentinien

Die Regierung Argentiniens begann 1991 eine Politik der Öffnung für ausländische Finanzinvestoren und Banken, angewiesen durch die Berater und Regeln zur Strukturreform des Internationalen Währungsfonds (IMF). In einer Überschätzung der Kräfte der nationalen Wirtschaft wurde der Peso 1:1 an den US-Dollar gebunden. Nach kurzfristigen Erfolgen mit entsprechenden Gewinnen, die ins Ausland verschoben wurden, erwies sich diese Maßnahme als Katastrophe, die einen massiven Kapitalabfluss, reihenweise Firmenschließungen, eine hohe Arbeitslosigkeit und eine Verarmung des argentinischen Mittelstandes, den Konkurs des Staates und eine totale Währungskrise zur Folge hatte (vgl. Roßmeißl 2004). Doch als die argentinischen Pesos immer knapper wurden, handelten die Menschen: Im Mai 1995 gründeten 30 Personen in Buenos Aires eine erste alternative Währung, die *Club de Trueque* (CT) genannt wurde. Anfänglich wurden Märkte organisiert, an denen die Mitglieder ihre Güter und Dienste austauschen konnten. Die Kaufvorgänge wurden registriert und am Ende des Marktes wurde der neue Kontostand der einzelnen Mitglieder ausgerechnet. Als sich die Idee ausbreitete und weitere Clubs in anderen Stadtteilen von Buenos Aires gegründet wurden, begann man, Gutscheine mit fixen Werten zu drucken, die von den Clubs gegenseitig akzeptiert wurden (vgl. Gomez 2013, S. 6). Das System baute auf gemeinschaftlichen Werten und persönlichem Vertrauen auf, erwies sich als sehr erfolgreich und verbreitete sich rasch. Ein Teil der Währungsemission geschah durch einen Grundkredit von 50 Creditos, den ein Mitglied beim Eintritt erhielt und beim Austritt wieder abliefern musste. Viele Tauschclubs schlossen sich einem nationalen Netzwerk an, um eine größere Verwendbarkeit und einen größeren Markt zu erreichen.

Im Jahr 2002, als die Krise in Argentinien ihren Höhepunkt erreichte, gab es landesweit über 5000 Clubs und der Umsatz explodierte. Dieses schnelle Wachstum verkraftete das System nicht. Im August 2002 brach es zusammen. Gründe dafür waren eine Mischung von Wiedererstarken der Wirtschaft und Missmanagement der Clubs mit fehlender Mitgliederbildung und Vertrauenspflege. Auch gab es Betrug und Falschgeld, das immer wieder in Umlauf kam (vgl. Greco 2009, S. 157; Gomez 2013, S. 10). Durch eine Neuformation konnten sich einige Clubs auf bescheidenem Niveau aber bis heute halten. Trueque war für die meisten Menschen eine wichtige Notlösung, die aber nicht mehr attraktiv war, als man wieder eine universellere Währung beziehen konnte.

Der Euro fordert Alternativen

Mehrere Jahre waren geldkritische Ideen in Europa wieder von der Bildfläche verschwunden oder nur noch in kleinen Kreisen besprochen oder ernst genommen worden. Die Zweifel an der herrschenden Währungspolitik erhielten durch die Einführung des Euro (1999 als Buchgeld, 2002 auch als Bargeld) neue Nahrung. Die starre und auf reiche Länder ausgerichtete Konzeption dieses deutsch-französischen Prestigeprojekts und die undemokratische Art und Weise der Einführung weckten kritische Geister. Auch Autoren wie Bernard Lietaer (Mysterium Geld, Das Geld der Zukunft) oder Helmut Creutz (Das Geld-Syndrom) erreichten nun ein größeres Publikum. Die Währungsversuche in Berkshire, Massachusetts (woraus später die BerkShare-Währung der Schumacher Society hervorging), oder die Ithaca-Hour-Währung in Ithaca, New York, standen ebenfalls Pate bei neuen Ideen.

Die Überlegungen zur Relokalisierung, zur Umlaufsicherung und eines zinsfreien Geldes führten zuerst in Deutschland zu regionalen Gutscheinwährungen. Eine erste praktische Umsetzung erfolgte in Bremen mit der Gründung der Regionalwährung *Roland* im Jahre 2001. Kurz darauf folgte der Chiemgauer, die bis heute erfolgreichste Regionalwährung in Deutschland. (▷ Regiogeld sowie ▷ Chiemgauer)

Ein ähnliches Konzept wurde aus gleichen und weiteren Quellen auch in Frankreich verfolgt und nach längerer Entwicklung als SOL (solidaire) ab 2005 in diversen Orten umgesetzt und in späteren Formen als ▷ MLC (Monnaie Locale Complémentaire) bezeichnet. In Großbritannien verknüpften die neuen Transition-Währungen ab 2006 damit Ideen der ökologischen Nachhaltigkeit (▷ Transition Currencies).

Neuste Entwicklungen seit 2008

Die Finanzkrise von 2008 mit ihren Folgen zeigte einer breiten Öffentlichkeit, dass etwas im Geldsystem nicht mehr stimmte. Die Bankenrettung mit Steuergeldern und die unbefriedigenden Antworten von Politikern und Finanzexperten öffneten die Türe (zumindestens einen Spalt weit), um bestehende Geldsysteme auch einmal zu diskutieren.

Alternative Währungen finden deshalb in Medien und Öffentlichkeit immer wieder einen Platz und werden nicht mehr nur als spleenige Experimente belächelt. Auch von politischer Seite konnte eine gewisse Akzeptanz aufgebaut werden und komplementäre Währungen werden als Lösungsansatz für wirtschaftliche und soziale Probleme häufiger in Betracht gezogen. Dies ist sicher mit ein Grund, dass seither eine große Zahl neuer Typen und Systeme erfunden und weiterentwickelt wurden. Einige der Entwicklungen hier in Kürze:

Das Talente-System in Vorarlberg erweiterte sich vom ursprünglichen Talent-Modell um eine zusätzliche Regionalwährung, ein Zeitsparmodell und zahlreiche lokale Untersysteme in einzelnen Gemeinden. Am bekanntesten sind die *Langenegger Talente* der Gemeinde Langenegg, dank deren Einführung es gelang, den einzigen Dorfladen nicht nur zu halten, sondern sogar auszubauen und die Nahversorgung effektiv zu stärken. (www.talente.cc)

Durch die Finanzkrise wurde auch Sardinien besonders hart getroffen. Um der lokalen Wirtschaft zu helfen und die mangelnden Euros zu ersetzen, begannen vier Freunde in der Stadt Serramanna ein neues Währungssystem *Sardex* für KMUs aufzubauen. Das System beruht auf gegenseitigem, durch eine zentrale Stelle vermitteltem Kredit zwischen Unternehmen in einer nichtkonvertiblen Währung (Sardex). Sardex werden 1:1 zum Euro gehandhabt, können aber nicht für Euro gekauft oder in Euro umgetauscht werden. Das System konnte sich nach kurzer Zeit etablieren, verzeichnete ein starkes Wachstum und bildet Ableger in anderen Regionen Italiens. (▷ Sardex.net)

Einige Modelle dienten auch zur Lösung von gesellschaftlichen Problemen: Mit der Währung *Torekes* versucht die Stadt Gent in Belgien seit 2010 ein umweltbewusstes und gemeinschaftsförderndes Verhalten zu unterstützen. (www.torekes.be)

Ein interessantes Modell ist 2009 in Großbritannien, genauer in Wales entstanden: *Spice Time Credits.* Dieses bezeichnet sich selbst als Time Credits System und bietet eine Möglichkeit, gesellschaftlich notwendige Arbeit anzuerkennen. Organisationen, Gemeinden und öffentliche Einrichtungen können den Einsatz belohnen, den Freiwillige für Gemeinschaftsaufgaben leisten. Eine Stunde Einsatz wird mit einem TimeCredit entlohnt, unabhängig von der Art der Arbeit. Diese Credits können für Weiterbildung, Veranstaltungen, sonstige Angebote der beteiligten Organisationen oder auch für Dienstleistungen von Nachbarn und Privaten eingesetzt werden. Die Betriebe geben die Credits direkt und ohne Gegenleistung an Spice zurück und verbuchen das als CSR-Leistung (Corporate Social Responsability). (www.justaddspice.org)

In Holland wurde ab 2012 versucht, mittels dem System *We-Helpen* gegenseitige Hilfe und den Austausch zwischen Menschen zu fördern und das soziale Netz wieder enger zu knüpfen. (www.wehelpen.nl)

Ebenfalls 2012 wurde in Bristol nach den Modellen von Totnes Stroud, Lewes und Brixton (▷ Transition Currencies) – aber in größerem Maßstab – zusammen mit der Stadt und einer regionalen Genossenschaftssparkasse das *Bristol Pound* gestartet. Es ist heute die stärkste englische Komplementärwährung (▷ Bristol Pound).

Dies sind nur einige Beispiele für eine Entwicklung, die noch lange nicht abgeschlossen ist. Neue Systeme werden an vielen Orten der Welt ausgedacht, getestet und umgesetzt. In Kenia beispielsweise eine Währung, die mit und für die Einzelunternehmer in Slums entwickelt wurde, der *Bangla Pesa* (grassrootseconomics.org/bangla-pesa), oder in Holland die Business-Währung *TradeQoin* (www.tradeqoin.com).

Fintech

Eine weitere Entwicklung wurde durch das Erscheinen von Bitcoin und der Blockchain-Technologie (Blockkette) ausgelöst: Die Möglichkeit, dass weltweiter Zahlungsverkehr auch ohne die riesigen Bankennetzwerke mit ihrer milliardenschweren Informatik-Infrastruktur möglich wurde, hat die Finanzbranche zuerst überrascht. Inzwischen sind sie aber auf den Zug aufgesprungen, und es werden riesige Geldbeträge in diese neue Finanztechnologie *(Fintech)* investiert. Es geht häufig darum, die Vorherrschaft auf dem Gebiet der Zahlungsdienste zu erreichen oder zu halten und das bestehende Finanzsystem zu eigenen Gunsten abzuändern. Grundsätzliche Systemkritik ist dabei kaum zu finden. Die meisten dieser Bestrebungen gehen deshalb nicht in die Richtung, das entgrenzte Finanzsystem wieder mit den realen Wirtschaftsvorgängen und den Ressourcen von Natur und Mensch zu verknüpfen, sondern es werden weitere Abkoppelungsmöglichkeiten für die Besitzer von sehr viel Geld geschaffen.

Ein eher positiv zu bewertender Zweig dieser Technologierevolution richtet sich auf die Bezahlung mittels Mobiltelefon und ermöglicht in verschiedenen Ländern des Südens bereits, dass viele Menschen einen direkten und relativ kostenarmen Zugang zu Bezahlsystem, Konten und allgemeinen Bankdienstleistungen haben. Das erste System wurde 2007 in Kenia von den beiden Unternehmen Safaricom und Vodafone unter dem Namen *M-Pesa* eingeführt und hat sich inzwischen in mehr als einem dutzend Ländern bewährt.

Weitere Innovationen entwickeln sich rasant, zum Beispiel das Ethereum-System als der Weiterentwicklung der Blockchain-Technologie Richtung einer «Demokratie der Blockchain» (ethereum.com/dao), das Ripple-Zahlungsnetzwerk (ripple.com) für Finanzdienstleister oder Währungen wie *FairCoin* (▷ FairCoin) mit genossenschaftlichen Zielsetzungen oder *Koina* (koina.cc) als Kreditnetzwerk zwischen Unternehmen.

7 Organisation

Der institutionelle oder gar betriebliche Charakter einer Währung ist den meisten Menschen wenig bewusst, wird aber bei alternativen Währungen sehr rasch sichtbar. Eine der ersten Fragen für die Gründung einer neuen Währung lautet denn auch: Wer hat die Trägerschaft der Währung? Oder genauer: Wer definiert den Rahmen und garantiert diesen über die Zeit? Daraus folgen Fragen nach der eigentlichen Struktur der Währung, nach Führung, Machtverteilung und Verantwortung. Die Gründerinnen und Gründer müssen diese Punkte in ihrer «Verfassung», das heißt mit Rechtsform, Statuten, Regeln, Grenzen und Möglichkeiten, festlegen. Im Laufe der weiteren Entwicklung wird diese Festlegung sich dann erweitern, anpassen oder wandeln. In diesem Sinne können Währungen auch als Unternehmungen betrachtet werden, auf die betriebswirtschaftliche Methoden anwendbar sind.

Es handelt sich bei Organisationen oder Institutionen, die Währungen herausgeben und verwalten, jedoch um einen eigenständigen Typ von Unternehmen, der bisher in der Wissenschaft nicht klar unterschieden wird. Der naheliegende Begriff der Bank oder der Zentralbank ist zu stark vermischt mit dem bestehenden Unternehmensbegriff und außerdem durch staatliche Vorschriften festgelegt und geschützt. Im Weiteren wird eine geldherausgebende Institution deshalb hier mit dem neutralen Begriff *Währungsorganisation* bezeichnet werden. Die markanten Unterschiede zu gewöhnlichen Unternehmen treten vor allem in folgenden Bereichen auf:

- Eine Währungsorganisation muss in Bezug auf die herausgegebene Währung eine getrennte Rechnung führen. Einen Gewinn im herkömmlichen Sinne kann es nicht geben, da die Maßeinheit selber hergestellt wird. Heute wird mangels solcher Erkenntnis aber sogar von Nationalbanken ein «Gewinn» ausgeschüttet (siehe Abschnitt 7.4 «Management und Steuerung»).
- Eine Währung ist ein Teil der Versorgungsinfrastruktur wie Wasser, Strom oder Telekommunikation. Eine Währungsorganisation sollte deshalb auch die Versorgungssicherheit für alle sicherstellen und hat in diesem Sinne einen öffentlichen Charakter.
- Die Währung ist vor Missbrauch zu schützen und zwar umfassend. Fälschung ist dabei das Kleinste, viel entscheidender sind Maßnahmen zur Verhinderung von Verzerrungen der Wirtschaftsvor-

gänge und des Wertmaßstabes. Unreflektierter Handel und Verkauf einer Währung schwächen und untergraben das System.

- Die Geldbildung, das heißt das Wissen und der richtige Umgang mit der Währung, sowie Hinweise und Vorschriften zur richtigen Nutzung sind ebenfalls Aufgabe einer Währungsorganisation, zum Beispiel um Schäden an der Währungsinfrastruktur durch unsachgemäßes Handeln zu verhindern.

7.1 Gestaltungsgrundlagen einer Währungsorganisation

Eine Währungsorganisation ist auch insofern speziell, weil das von ihr hergestellte Gut eben nicht nur ein Medium ist, mittels dessen andere Güter oder Dienste transferiert werden können, sondern ein «Universalgut», das den Schlüssel zu allen anderen Gütern bietet. Die Währungsorganisation selbst wird damit zum Schlüsselhersteller und Verwalter des Passepartout für alles. Um erfolgreich zu sein, muss sie nicht nur höchst solide aufgebaut sein und professionell arbeiten, sondern auch die Wirtschaftsvorgänge in ihrem Gebiet verstehen und Steuerungsfunktionen übernehmen. Die Währungsorganisation wird damit zu einem «Herz» ihres Währungsraumes und sollte einen guten Grundtakt für alle Teilnehmenden liefern.

Davon sind kleine alternative Währungen, die sich häufig noch im Experimentierstadium befinden, natürlich noch weit entfernt. Trotzdem sollten diese Prinzipien bereits bei der Gründung beachtet werden. Folgende Grundlagen sind aber auch für kleine Systeme essentiell:

- Zweck und Ziele einer Währung müssen diskutiert und festgelegt werden. Dabei stehen Förderzielsetzungen im Vordergrund.
- Initiatoren und Initiatorinnen müssen da sein, die diese Ziele auch mittel- und langfristig verfolgen wollen und können.
- Ein Potenzial von Menschen und Betrieben, die eine neue Währung brauchen können und wollen, muss vorhanden sein.
- Als langfristig orientiertes Unternehmen sollte eine solide Rechtsform mit möglichst demokratischer Mitsprache gewählt werden.

- Eine alternative Währung im Sinne dieses Buches sollte durch eine Non-Profit-Organisation betrieben werden (siehe Abschnitt 7.2).
- Ein professioneller Betrieb und ein Management, das die andersartigen betriebswirtschaftlichen Grundlagen einer Währung versteht und anwenden kann, muss gewährleistet sein.
- Risikoüberlegungen und Sicherheitsdispositiv beinhalten immer den ganzen Währungsraum.
- Teilnehmende müssen gefunden, überzeugt und informiert werden. Und wichtig ebenfalls: Teilnehmende müssen bei Missbrauch ausgeschlossen werden können.
- Der Zugang zu und die Verwendung der Währung müssen einfach sein, dürfen aber trotzdem nicht die reine Bequemlichkeit auf Kosten von bewussten Entscheidungen bevorzugen.

7.2 Rechtsformen

Eine solide und adäquate Rechtsform ist für eine Währungsorganisation wichtig und empfehlenswert. Optimal sind in der heute gegebenen Rechtslage Non-Profit-Rechtsformen, da sie einerseits klar auf einen inhaltlichen Zweck ausgerichtet werden müssen, andererseits auch demokratische Mitsprache der Beteiligten einfach erlauben oder gar fordern:

- Vereine sind einfach gegründet und optimal demokratisch. Beispiele sind die meisten Tauschkreise und LETS-Systeme. Langfristig und für größere Währungen sind sie aber eher ungenügend, weil Währungsorganisationen hohen Professionalisierungsgrad und hohes Vertrauenspotenzial erfordern, wofür diese Rechtsform nur wenig Unterstützung bietet.
- Genossenschaften sind gut geeignet, da sie einfach ein Basiskapital bereitstellen können und damit insgesamt den Beteiligungsgrad der Mitglieder erhöhen. Beispiele: Reka-Geld, oder der Chiemgauer (hybrid mit Verein). Die WIR-Bank ist zwar ebenfalls eine Genossenschaft, aber zugleich eine herkömmliche Bank, was durch die Bankgesetzgebung die Verwirklichung von Alternativen einerseits stark einschränkt, aber auch Vorteile bietet, da konventionelle Bankgeschäfte und Kreditvergabe erlaubt sind.

- Stiftungen haben den Vorteil, sehr klar und langfristig stabil aufgebaut werden zu können. Beispiele: Zeitbörse und Zeitvorsorge St. Gallen, Bitcoin-Foundation (nur Rahmenvereinbarungen, nicht Währungsherausgabe). Die autokratische Wahl des Stiftungsrates und die schwache Integration der Basis sind aber nachteilig.
- Öffentlich-rechtliche Struktur kann besonders angebracht sein, wenn sich Gemeinden oder Städte beteiligen. Beispiele: Arbeitswertscheine und i-Motion-Jugendwährung aus Wörgl. Nachteilig ist die höhere Komplexität und die politische Abhängigkeit.
- Die Gemeinnützige GmbH kann beim Start einer Währung Kräfte bündeln. Sie ist von der Struktur her aber nur bedingt geeignet, da eine konventionell-betriebswirtschaftliche Ausrichtung gefordert ist. Auch das notwendige demokratische Element muss anderweitig eingebaut werden.
- Gewinnorientierte Formen wie Aktiengesellschaften oder GmbH sind per se schlechter geeignet, da sie rein vom bestehenden Geldsystem her gedacht sind. Alternativen müssen also andauernd geistig dagegen angehen, was sehr ermüdend und wenig erfolgsversprechend ist. Ein positives Beispiel ist aber bisher Sardex.net.
- Lose Netzwerke oder eine völlig «freie Währung» ist ein illusionäre Vorstellung, da Währung per se Organisation ist. Lose Netzwerke können aber kleinräumig begrenzt durch informelle Organisation oder Peer-to-Peer-Organisation funktionieren (▷ Selbstgarantierte Wechsel und ▷ Peer-to-Peer-Prinzip).

7.3 ____ Währungsformen

Für jede Währung muss schließlich eine gültige Form (oder mehrere Formen parallel) festgelegt werden. Übliche Formen, die wir von staatlichen Währungen her kennen, sind

- Münzen,
- Noten,
- elektronische Konten.

Die Form einer Währung scheint im ersten Moment etwas mit der physischen Erscheinung zu tun zu haben. Genauer ist aber, dass die Form der Währung eigentlich nur einen definierten Prozess wiedergibt. Es genügt also nicht, ein Stück Gold in der richtigen Größe mit einem Bild des Herrschers zu versehen, sondern nur wenn eine ganz bestimmte, durch den Herrscher alleine ermächtigte Stelle ein genau bestimmtes Porträt auf das Gold prägte und die Kasse des Herrschers dieses herausgeben konnte (um sie anschließend als Steuer auch wieder einzuziehen), nur dann war es «Geld». Genau gleich bei den heutigen Girokonten: Nur ganz bestimmte Stellen (Banken) dürfen die Einsen und Nullen des elektronischen Codes und nur nach ganz bestimmten Regeln abändern oder entstehen lassen.

Prozessdefinition der Währungsform

Die primäre Form einer Währung wird durch einen genau definierten, nur durch eine höchste, für die Währung zuständige Autorität abänderbaren Prozess festgelegt. Dieser Prozess muss durch alle Teilnehmenden (implizit oder explizit) anerkannt sein und sollte mit starken Sicherheitsmaßnahmen geschützt werden.
Sekundäre Formen einer Währung sind darauf aufbauende Prozesse, die auch spontan entstehen können, und durch untergeordnete Vereinbarungen auch nur von einem Teil der Teilnehmenden anerkannt sind (z. B. Wechsel).

Primärer Prozess wäre also bei einem LETS-System die festgelegte zentrale Kontoführung in der Währungsorganisation. Ein sekundärer Prozess könnte entstehen, wenn ein Teilnehmer einen Check auf sein LETS-Guthaben ausstellt, den eine andere Teilnehmerin annimmt.

Aus dieser allgemeinen Definition geht hervor, dass immer weitere Formen von Währungen entstehen können und es keinen Vorrang von physischen Währungsformen gibt. Die Verwendung von geprägtem Gold erlaubte in der Vergangenheit allerdings eine hohe Prozesssicherheit, weil auch in der letzten Wüstenoase Gold eben Gold war und als chemisches Element nicht abgeändert werden konnte (was Fälscher natürlich nicht hinderte, es trotzdem zu versuchen).

7.4 Management und Steuerung

Dieser Abschnitt zeigt weitere Differenzen zu bisherigen Wirtschaftsvorstellungen auf und ist nicht wirklich kompatibel zu gängigen Managementideen. Dieser strategisch-technische Teil behandelt die theoretischen Sollwerte für Währungsorganisationen, die heute noch in den wenigsten bestehenden Systemen so umgesetzt sind.

Das Management einer Währung verlangt, wie schon angemerkt, einen von gewöhnlichen Unternehmen verschiedene Organisation und Steuerung. Als wichtigstes Instrument ist eine sauber getrennte Buchhaltung zu führen zwischen 1. dem eigentlichen Betrieb der Organisation mit den Angestellten, den Räumlichkeiten, der IT-Infrastruktur etc. und 2. der herausgegebenen Währung. Unter 1. muss nach wie vor eine ausgeglichene Rechnung angestrebt werden und langfristig darf kein Defizit bestehen bleiben. Unter 2. darf nur eine rein «volkswirtschaftliche» Rechnung geführt werden. Dabei ist eine zentrale Steuergröße die Versorgung aller Wirtschaftsteilnehmenden mit der notwendigen Liquidität zur Durchführung der Wirtschaftsvorgänge (Versorgungssicherheit). Buchungen zwischen diesen beiden Bereichen müssen klar reglementiert und streng limitiert sein. Wenn die Währung, wie in den allermeisten Fällen, ein geschlossenes System darstellt, können keine Differenzen entstehen, die in normalen Unternehmen als Gewinn oder Verlust bezeichnet werden. Die Emission von neuen Währungseinheiten (Systemvergrößerung, auch Seignorage genannt) oder der Rückzug von solchen (Systemverkleinerung) müssen im wirtschaftlichen Zusammenhang betrachtet und geregelt sein.

Weitere wichtige Aufgaben sind Maßnahmen gegen Ungleichgewichte, seien es Handelsbilanzen gegenüber anderen Währungen, oder auch übermäßige Kapitalkonzentrationen oder Mangelerscheinungen im eigenen Wirtschaftsraum. Dafür sind geeignete Regeln zu gestalten und Werkzeuge (auch unkonventionelle) für den Ausgleich zu schaffen.

Ein dritter Bereich ist die Risikosteuerung und die Bildung von Reserven und Sicherungsfonds. Dies ist ein besonders heikles Gebiet, da dazu entweder produktive Kräfte innerhalb des eigenen Wirtschaftsgebietes stillgelegt oder in Reserve gehalten werden müssen oder aber mit einer Sicherung in anderen Währungen das Problem ausgelagert wird. Beide Wege sind anspruchsvoll und führen häufig zu sekundären Problemen. Dieser Bereich ist wichtig, muss aber in jedem Fall Hilfsbereich bleiben (geschätzt max. 10 bis 20% der Wirtschaftsleistung).

Ein vierter Steuerungsbereich sind Kredite. Mit diesen wird die zukünftige Entwicklung eines Wirtschaftsgebietes gestaltet. Die Schöpfung zusätzlicher Liquidität und die Kreditgewährung sollten getrennt erfolgen (das heißt zum Beispiel fristenkongruente Kredite mit gleichzeitig blockierten Spargeldern). Der Ausbau der Währungsorganisation kann auch mittels Eigenkreditierung erfolgen, was aber einer besonderen Prüfung und Bewilligung zu unterstellen ist.

Der fünfte Steuerungsbereich, die Unterstützung der Preisstabilität, kann bereits durch korrektes Steuern der ersten drei Bereiche weitestgehend erfüllt werden.

Insgesamt hat die Währungsorganisation den gesamten Währungskreislauf zu beobachten und kooperative Maßnahmen, die beteiligte Betriebe und Mitglieder in einen fairen, nachhaltigen Austausch im Sinne der gesetzten gemeinsamen Ziele bringt, zu unterstützen.

7.5 Gesetzliche und rechtliche Fragen

Die gesetzlichen und rechtlichen Fragen stehen, im Gegensatz zum letzten Abschnitt, direkt in Zusammenhang mit der heutigen Situation. Was ist heute überhaupt möglich? Welche Einschränkungen und Vorschriften für Währungsorganisationen existieren? Generell müssen bei jeder spezifischen alternativen Währungen folgende rechtlichen Fragen behandelt werden:

- Existenz als Währung und Zahlungsmittel: Wo innerhalb oder außerhalb der bestehenden Währungsordnung und -gesetzgebung bewegt sich die Währung?
- Finanzregulierungen: Inwieweit wird die Währungsorganisation als Finanzintermediär angesehen und ist somit der Banken- und Finanzaufsicht unterstellt? Wie kann Geldwäscherei verhindert werden?
- Steuern: Wie lässt sich die steuerliche Situation der Währungsorganisation und der Teilnehmenden korrekt behandeln. Kleine und sozial ausgerichtete Tauschringe oder LETS-Systeme können hier legale Freiräume nutzen.

- Sozialversicherungen und Arbeitsgesetze: Sind zum Beispiel Dienstleistungen sozialversicherungspflichtig oder entsteht de facto ein Arbeitsverhältnis mit entsprechenden Haftungen und Vorschriften?
- Datenschutz: Die Währungsorganisation muss ihre doch sehr sensiblen Daten schützen und die entsprechenden Regulierungen einhalten können. Erhöhte interne Transparenz kann mit Einverständnis der Mitglieder eingeführt werden.

Die rechtliche Situation für alternative Währungen hat sich heute an vielen Orten und insbesondere in Europa zum Besseren verändert. In vielen Landesverfassungen waren noch bis Ende des letzten Jahrhunderts Verbote für Parallelwährungen oder gar für jegliche anderen Währungen außer der offiziellen Landeswährung verzeichnet oder zumindest wurden bestehende Vorschriften so ausgelegt. Heute werden Währungsexperimente teilweise begrüßt, und es sind in einigen Ländern auch Anstrengungen unternommen worden, bestimmte alternative Währungen anzuerkennen oder gar zu unterstützen. Andere Systeme im Bereich der digitalen Währungen werden hingegen misstrauisch beobachtet oder wurden im Falle von Bitcoin auch schon offiziell verboten (z.B. Island, Russland, in Teilstaaten von Indien).

In Frankreich wurde 2014 im Rahmen des Gesetztes zu sozialer und solidarischer Wirtschaft (ESS, Art. 16) eine vermutlich weltweit erste Regulierung im Sinne einer Förderung von Lokalwährungen (MLC) und Tauschsystemen (SEL) eingeführt. Die Auswirkungen des Gesetzes werden von einer offiziellen Studienkommission untersucht. Ein erster Zwischenbericht ist 2015 erschienen (vgl. Magnen et al. 2015).

In Deutschland ist die Rechtslage weiterhin so, dass Regionalwährungen und Tauschkreise auf Zusehen toleriert werden. Unabhängige Rechtsgutachten und Beurteilungen wie auch ein Bericht der Bundesbank (Rösl 2006) definieren aber relativ klar Nischen und Grenzen für alternative Währungen sowie die erforderlichen Steuerpflichten. Die grundlegenden Ausführungen von Godschalk (vgl. Kennedy/Lietaer 2004, S. 218 ff.) sind heute noch gültig. Aktuelle Hinweise liefert auch der Überblick der New Economics Foundation (Jansky 2015). Insgesamt kann auf den bisherigen Erfahrungen der bestehenden Systeme aufgebaut werden, jedoch ist die Situation bei Neugründungen fundiert abzuklären. Gute Hinweise finden sich auch in der Dissertation von Marit Sademach (2012).

Für England, Belgien und Holland sind ebenfalls Überblicke innerhalb des von der EU finanzierten CCIA Forschungsprojektes (community currencies in action) erstellt worden. (community-currency.info/de)

In Österreich wird die Situation ähnlich beurteilt wie in Deutschland. Regionalwährungen und vergleichbare Systeme werden geduldet, insbesondere wenn sie noch eine vernachlässigbare Größe haben.

In der Schweiz ist der Freiraum seit jeher etwas größer. Anhand des seit 1934 existierenden WIR-Geldes ist quasi der Beweis erbracht, dass komplementäre Währungen der nationalen Währung nicht schaden, sondern im Gegenteil einen positiven Beitrag leisten können. Die weiteren rechtlichen Fragen müssen aber für jeden Einzelfall geklärt werden.

7.6 Multiple Währungssysteme

Alternative Währungen wie Regionalwährungen oder Zeittauschsysteme werden heute in erster Linie dazu gegründet, eine vernachlässigte Nische zu besetzen oder eine Insel zu bilden zum Schutz gegen die Nachteile der bestehenden Nationalwährungen. Der Vorteil und die Notwendigkeit dieser Abgrenzung kann aber selbst auch zum Nachteil werden: Das Gebiet ist begrenzt, das Angebot vielleicht ungenügend, die Mitglieder zu wenig aktiv etc. Daraus entsteht der Gedanke, die verschiedenen alternativen Währungen zu verbinden, Zwischenhandel zu erlauben und ein Clearingsystem zu etablieren. Clearing heißt dabei, einen regelmäßigen Ausgleich der gegenseitigen Ansprüche vorzunehmen, die dadurch entstehen, dass nun Mitglied A mit Währung 1 bei Mitglied B mit Währung 2 einkaufen kann. Dabei entsteht die Frage des gegenseitigen Wertes der beiden Währungen 1 und 2, das heißt ihres momentanen Wechselkurses. Das seit länger existierende 3-Länder-Clearing «Zart» (www.zart.org) löst dieses Problem, indem alle Systeme mit der Einheitswährung Stunde rechnen müssen. Eine Stunde in Währung 1 ist gleich eine Stunde in Währung 2. Es existieren genaue demokratisch ausgehandelte Regeln, wie und wie viel Währungseinheiten transferiert werden können. Der effektive Buchungsvorgang wird zentral vom Administrator vorgenommen. Dies ist möglich, weil nur eine relativ kleine Zahl von Einkäufen über die Grenzen der Währungen stattfinden. Im Jahr 2013 wurden zwischen 32 beteiligten Systemen aus Deutschland, Österreich und der Schweiz 2947 Stunden verrechnet (www.zart.org, 8.5.2016)

Ein weltweites System, bei dem alle angeschlossenen Währungen automatisch auch die Möglichkeit haben, Zwischenhandel zu betreiben, ist das Community Exchange System (CES) in Südafrika, mit zur Zeit 835 angeschlossenen LETS- und Tauschsystemen (www.community-exchange.org, 8.5.2016).

Die notwendigen theoretischen Grundlagen zum Aufbau stabiler multipler Systeme sind noch wenig entwickelt. Einzelne Überlegungen wurden schon veröffentlicht (z.B. Martignoni 2015a, Huber/Martignoni 2013). Auch praktische neue Konzepte sind in Diskussion wie z.B. CreditCommons von Matthew Slater (creditcommons.net) oder das Money-Grid-Konzept von Lucas Huber (moneygrid.net). Durch die intelligente Vernetzung der kleinen Systeme könnte der Erfolg von alternativen Währungen sicherlich stark gefördert werden.

Das im Juni 2017 fulminant gestartete Bancor Protocol, das sich als Clearing- und Wechselstelle für alle Kryptowährungen, aber auch für konventionelle Komplementärwährungen sieht, erfüllt leider keine der Voraussetzungen, um als ausgleichendes System zu dienen. Kauf und Verkauf von Währungen über solche freie Plattformen fördert beim heutigen Geld-Bewusstsein vor allem Spekulation. (www.bancor.network)

8 Nutzungsmöglichkeiten und Tipps

Wir haben bisher ganz viel Hintergrund und Theorie aufgezeigt, nun soll auch der praktische Aspekt besprochen werden:

- Wieso soll man alternative Währungen verwenden?
- Wie kommt man dazu?
- Was gilt es zu beachten?
- Wie steigt man wieder aus, wenn man keinen Erfolg darin sieht?

Zu diesen und weiteren Fragen finden sie in diesem Kapitel einige Antworten und Hinweise, die Ihre Experimentierfreude anregen und sie mit dem notwendigen Rüstzeug zum Einstieg in die Nutzung alternativer Währungen versehen sollen.

Im Vordergrund stehen die Verwendung durch Einzelpersonen und Unternehmen. Die Nutzung durch Gemeinschaften, Kommunen/Gemeinden oder Regionen werden hier nicht genauer behandelt. Wir gehen weiter davon aus, dass wir bestehende oder bereits gegründete Währungen vor uns haben. Diese sollen als Instrumente optimal genutzt werden, um unsere jeweiligen Ziele besser erreichen zu können.

Alternative Währungen im Sinne dieses Buches wollen Probleme lösen und sind primär auf Nachhaltigkeit und ein besseres Funktionieren der Gemeinschaft und Gesellschaft ausgerichtet. Deshalb werden hier keine Tipps und Verhaltensweisen aufgeführt, die Spekulation, Glücksspiel und unreflektierte persönliche Bereicherung zum Ziel haben.

8.1 Wieso alternative Währungen verwenden?

Motivation

Es gibt viele Gründe, alternative Währungen zu verwenden oder einmal einen Versuch damit zu wagen. Die naheliegendste Möglichkeit ist, sich aus freien Stücken zu entscheiden, mitzumachen, zum Beispiel aus folgenden Gründen:

Motivationsübersicht	
Ideelle Gründe	Neue Währungen als Teil der Lösung von gesellschaftlichen Problemen sehen, etwas Positives für eine bessere Zukunft tun oder den Ausstieg aus einem als krank erkannten System unterstützen.
Sicherheitsgründe	Berechtigte Angst vor dem Zusammenbruch des bestehenden Geldsystems haben, auf der Suche nach Auffangmöglichkeiten und Sicherheitsnetzen sein.
Soziale Gründe	Der Wunsch, Kontakte zu knüpfen oder Beziehungen, Nachbarschaften und gemeinschaftliche Aktivitäten zu fördern.
Ökonomische Gründe	Geld sparen, zusätzliche Ressourcen und Möglichkeiten gewinnen, eigene Fähigkeiten besser vermarkten können.

Es empfiehlt sich, die eigene Motivation und die Zielsetzung gut zu klären und verschiedenste Währungen daraufhin zu überprüfen, ob sie sich überhaupt dazu eignen, diese Ziele zu verfolgen, bevor man sich für eine Teilnahme entscheidet. Jede Währung hat ihre Schwerpunkte und kann selten alle Vorstellungen erfüllen. Die Ziele sind öfters auch nicht eindeutig oder haben sich von den ursprünglich intendierten fortbewegt. Kompromisse sind deshalb vorprogrammiert und nicht wegzubringen, wenn man mitmachen will.

Eine zweite Möglichkeit ist, dass man durch bereits involvierte Menschen aufgefordert wird, eine alternative Währung zu akzeptieren. Beispielsweise wird einem eine solche Währung für einen Geschäftsvorgang angeboten. Hier stellt sich die Ausgangslage anders: Es gilt zu entscheiden, bei dieser bestimmten Währung mitzumachen, vielleicht mit dem Anreiz (oder manchmal auch Zwang), ein Geschäft abschließen zu können oder einfach im Geschäftsnetzwerk dabei zu sein. Ein solches Angebot gilt es ebenfalls gut zu prüfen.

Gemeinschaft versus Individuum

Ein zentrales Element aller Währungen ist das Vertrauen in die Gemeinschaft. Während bei den nationalen Währungen riesige Gemeinschaften von vielen Millionen Menschen mitmachen (müssen) und sich die Handlungen und Wirkungen eines einzelnen nicht genau verfolgen lassen, sind kleinere Währungen von wenigen hundert Personen fast wie Familien, in denen jede Handlung oder Nicht-Handlung auch rasch für andere spürbar wird. Wir sind es aber gewohnt, dass Geld völlig bequem ist, für alles und jedes jederzeit eingesetzt werden kann, die Anonymität fördert und schützt und die Transparenz an vielen Stellen bewusst entfernt wird, um uns als Individuum ein Gefühl der «Freiheit» zu geben, gerade auch, weil wir die Auswirkungen unseres Handelns nicht mehr erkennen können. Bei den meisten alternativen Währung ist es genau umgekehrt, die Auswirkungen unseres und anderer Mitglieder Handelns sind schneller erkennbar, auch sind die meisten Währungen eher unbequem und aufwändiger in der Handhabung, seltener einsetzbar und eben, viel transparenter.

8.2 Risiken verstehen

Der Titel ist vielleicht irreführend, denn vermutlich haben bereits die allermeisten Menschen «alternative» Währungen im weitesten Sinn verwendet: Gutscheine und Rabattsysteme, Vouchers, Checks, Fremdwährungen, Spielgeld etc. Meist ist aber dabei der Kontext gegeben und es fällt kaum auf, dass man eigentlich das System gewechselt hat und andere Risiken auf sich nimmt. Die folgenden Hinweise wären deshalb eigentlich vor der Verwendung jeglichen Geldes zu überprüfen. Etwas was wir im Alltag wegen den einheitlichen Landeswährungen, die wir verwenden, meist vernachlässigen.

Allgemeine Risiken bei der Nutzung von Währungen

Folgende Risiken können bei allen Währungen auftreten:

- Wertzerfall durch Glaubensverlust, bis zu Verlust der Akzeptanz
- Wertzerfall durch Inflation (mehr Währungseinheiten als Leistungen vorhanden sind)
- Währungskrise oder Bankencrash mit Wertverlust
- Betrug, Raub und Diebstahl
- Beschlagnahmung durch offizielle Stellen oder den Staat
- Transaktionskosten und Gebühren, denen man nicht ausweichen kann
- Falschgeld (heute auch elektronisch möglich)
- Beschränkte Gültigkeitsdauer (z.B. durch Herausgabe neuer Notenserien)
- Ende der Währung (z.B. bei der Einführung des Euro für alle beteiligten Landeswährungen)

Risiken bei der Nutzung von alternativen Währungen

Welche zusätzlichen Risiken bestehen bei der Benutzung von alternativen Währungen? Einige zusätzliche Risiken kommen tatsächlich dazu, dafür fallen einige Punkte der gesetzlichen Währung aber auch weg. Die aufgelisteten Risiken können, müssen aber nicht, bei alternativen Währungen auftreten.

- Keine geeigneten Angebote, um die Währung wieder einzulösen
- Keine oder nur beschränkte Anlage-/Sparmöglichkeit
- Zu viele Einnahmen (ja tatsächlich, in Kombination mit den ersten Punkten)
- Zusätzliche Transaktionskosten gegenüber Landeswährungen
- Mangelnde Professionalität der Währungsorganisation, Fehler und mangelnder Service
- Abhängigkeit zum Teil von wenigen Einzelpersonen (z.B. Vorstand der Währungsorganisation)
- Erhöhte langfristige Unsicherheit (gibt es die Währung in 5 Jahren noch?)
- Zusätzliche rechtliche Risiken der Legalität und der korrekten Steuerbarkeit
- Beschränkte oder fehlende Konvertibilität (z.B. bei Austritt oder Wegzug an anderen Ort)

Vorteile bei der Nutzung von alternativen Währungen

Die nachstehend aufgelisteten Vorteile zählen natürlich zu den Gründen, warum alternative Währungen überhaupt aufgebaut werden:

- Höhere Transparenz, dadurch bessere Kontrolle und keine (sicher kleinere) Kriminalität
- Größere Einflussmöglichkeiten auf die Währungspolitik
- Zusätzliche Marktchancen
- Chancen, den Konkurrenzkampf zugunsten kooperativen Verhaltens abzuschwächen
- Gezielter Beziehungsaufbau, größere Bindung, stärkeres Vertrauen
- Andere Werteverhältnisse können aufgebaut werden
- Abstützung und Sicherheit bei Krisen der Landeswährung (Resilienz)
- Nachhaltige Wirtschaft erhält eine echte Chance

8.3 Welche Währung wählen?

Die Auswahl an alternativen Währungen ist sehr groß, wenn man die reine Zahl der Währungen nimmt. Ihre Bedeutung ist aber in den meisten Fällen noch gering oder auf ein kleines Gebiet beschränkt. Sehr wahrscheinlich ist also die effektive Auswahl in Ihrer Region oder auf dem Gebiet, auf dem Sie tätig sind, doch nicht groß. Eine neu entstandene Möglichkeit sind die internetbasierten Kryptowährungen, wie Bitcoin, die bezüglich Einfachheit und Zugänglichkeit viel versprechen und weltweit operieren. Diese sind jedoch häufig gerade dazu gedacht, individuelle Vorteile ohne Berücksichtigung der Anderen umzusetzen. Deshalb werden sie auch für kriminelle Zwecke und Spekulation verwendet.

Bevor sie sich entschließen eine alternative Währung zu verwenden, ist es hilfreich, mit nachstehenden Praxistipps einen kurzen Check zu machen.

Praxistipps

Wichtige Fragen vor der Teilnahme bei einer alternativen Währung:

1. Welche Vorteile bietet/verspricht die Währung (wirtschaftlich, ideell, Image, Kunden, ...)?
2. Welchen gesellschaftlichen Mehrwert erzeugt die Währung?
3. Kann ich diese Währung auch wieder ausgeben? Was könnte ich allenfalls als Gegenwert dafür erhalten (Angebote auf dem Markt überprüfen)?
4. Kann ich diese Währung notfalls auch gegen eine andere (oder gegen Landeswährung) eintauschen?
5. Welche Kosten oder sonstigen Verpflichtungen entstehen mir beim Nutzen dieser Währung?
6. Ist mir diese Währung und die dahinterstehende Organisation oder Philosophie sympathisch? Kann ich mich mit ihren Zielen identifizieren?

Wenn die Antworten für sie günstig oder zumindestens akzeptabel ausfallen, können die weiteren Schritte zum Einstieg in die gefundene Währung angegangen werden. Anderenfalls sollten sie vielleicht weitersuchen oder das Angebot ablehnen.

8.4 ____ Verwendung in der Praxis

Wie kann man nun an einer alternativen Währung effektiv teilnehmen? Meist ist der Einstieg sehr einfach. Die hauptsächlichen Einstiegsmöglichkeiten sind:

- Einfache Annahme der Währung durch Gegenleistung oder als Geschenk (dies ist der schnellste Weg bei allen Währungen in barer Form).
- Anmeldung zur Mitgliedschaft und Eröffnen eines Kontos ohne genauere Prüfung (z. B. bei LETS, Zeitbanken).
- Anmeldung zur Mitgliedschaft und Eröffnen eines Kontos mit Bonitäts-Überprüfung und einschränkenden Bedingungen (z. B. bei WIR, Sardex, diverse Bartersysteme).
- Eintausch von Landeswährung in die alternative Währung unter Bekanntgabe von persönlichen Daten oder durch Pro-forma-Mitgliedschaft (z. B. bei Regiowährungen wie Chiemgauer).
- Anonymer Eintausch von Landeswährung in die alternative Währung (bei einigen Regiowährungen oder z. B. bei Reka-Checks).
- Eröffnen eines anonymen Kontos auf dem eigenen Rechner via Internet (Wallet, meist bei Kryptowährungen).

Wie formell oder informell der Einstieg auch ist, anschließend ist man Teil der Währungsgemeinschaft, das heißt aller Menschen, Betriebe und Einrichtungen, die genau diese Währung ebenfalls nutzen. Man tritt mit ihnen in ein *offenes Verpflichtungsverhältnis,* das heißt, man ist bereit, diese Währung für eigene Leistungen anzunehmen und man erwartet von den anderen Mitgliedern, deren Angebote gegen diese Währung auch erhalten zu können. Wer einem etwas abkauft, oder bei wem man etwas einkauft ist aber vorläufig nicht definiert und ein Vertrag wird erst beim eigentlichen Kaufvorgang gültig.

Richtig rechnen

Geld und Währungen haben offensichtlich auch mit Rechnen zu tun: Rechnet es sich für mich, wenn ich teilnehme?

Diese Frage ist nicht einfach zu beantworten, denn die alternative Währung kommt zuerst einmal in ein Verhältnis zur Landeswährung und kann die bestehende Situation in zwei Richtungen verändern:

Mögliche Umsatzveränderung durch Alternativwährungen (freies Zahlenbeispiel)

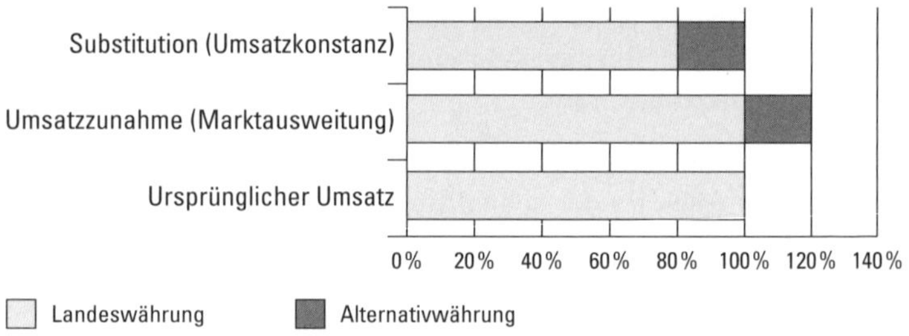

Die Alternativwährung kann zusätzliche Möglichkeiten aktivieren, neue Einnahmen generieren oder ein neues Kundenfeld erschließen (Umsatzzunahme). Sie kann auch bestehende Ausgaben respektive Umsätze in der Landeswährung ersetzen (Substitution). Beides kann sowohl bei Privatpersonen als auch bei Unternehmen vorteilhaft sein.

Die Einnahmen in alternativer Währung müssen auch wieder ausgegeben werden, insbesondere, wenn Sparen nicht möglich ist oder durch Umlaufgebühren oder Negativzinsen bestraft wird. Vor allem für teilnehmende Geschäfte ist es wichtig, diese Frage immer wieder zu überprüfen. Ein Lebensmittelladen zum Beispiel kann in einer alternativen Währung rasch viel verkaufen, weil er etwas für alle Notwendiges verkauft und muss von Anfang an darauf achten, dass dafür im Einkauf oder vielleicht bei den Löhnen entsprechende Anteile auch auf der Ausgabenseite in dieser Währung beglichen werden können.

Bei vielen Systemen ist allerdings der wirtschaftliche Effekt sehr klein. Untersuchungen bei Brixton Pound und Stroud Pound in England zeigen, dass die meisten teilnehmenden Geschäfte den Hauptnutzen im sozialen Mitmachen und in der lokalen Gemeinschaftsbildung sahen und praktisch keinen wirtschaftlichen Nutzen dabei erzielen (vgl. Degens 2016). Wenn sie bei einer Zeitbank einmal pro Monat ein Angebot nutzen oder eines ihrer eigenen Angebote verlangt wird, zählen sie schon zu den intensiveren Nutzern. Die neuen Begegnungen, der Spaß oder die Möglichkeit, Neues und neue Menschen kennenzulernen, sind in einem solchen Fall sicher wichtiger als die wirtschaftlichen Überlegungen.

Verschiedene Systeme parallel nutzen

Wieso nicht gleich mehrere Systeme parallel nutzen, wenn sie vorhanden sind? Heute sind wir uns gewohnt, immer mehr Zahlungsmöglichkeiten auch in den Standardwährungen anzutreffen.

Eine Auswahl an Zahlungsmöglichkeiten in Standardwährungen

Diese Überlegung ist richtig, doch empfiehlt es sich, wirklich jede zusätzliche Währung genau zu prüfen. Der Aufwand ist nicht zu unterschätzen, denn die meisten Systeme sind noch bei weitem nicht soweit integriert wie die heutigen Zahlungsanbieter. Alternative Währungen brauchen mehr Interesse und persönliches Engagement. Auch privat macht es nur Sinn, wenn man einen persönlichen Bezug zu den einzelnen Alternativen aufrecht erhalten und diese regelmäßig einsetzen kann.

8.5 Wie aussteigen?

Es gibt auch immer Gründe, aus einer alternativen Währung wieder auszusteigen. Vor allem bei kleineren Systemen ist die mangelnde Aktivität oder der mangelnde Umsatz ein Hauptgrund.

Das kann ein Grund sein, sich einen Ausstieg zu überlegen, aber es gilt das Prinzip: Sie müssen «quitt» sein mit der Währung, das heißt, Ihr Kontostand oder Bargeldbestand sollte auf null angelangt sein. Positive Saldi kann man vielleicht notfalls noch spenden oder verschenken, schwieriger sind negative Kontostände. Hier sind Sie meist auch rechtlich in der Pflicht, diese auszugleichen, notfalls mit einer «Ablasszahlung» in Landeswährung. Schulden, auch in Komplementärwährung, sind eben Schulden: Sie haben dabei etwas aus der Währungsgemeinschaft bezogen, ohne einen entsprechenden Gegenwert zurückgeliefert zu haben.

Wenn das Konto auf null ist, kann die Mitgliedschaft normalerweise einfach gekündigt werden. Eine klare Begründung sollte beigefügt sein und hilft den Betreibern hoffentlich, Probleme zu beheben und sich zu verbessern. Ein weiterer wichtiger Punkt ist das Löschen aller Inserate und Hinweise, dass Sie diese Währung annehmen oder Teilnehmer sind. Die persönlichen Daten sollten durch die Währungsorganisation ebenfalls sicher entfernt und archiviert werden.

8.6 Eigene Währung gründen?

Gibt es keine oder keine geeignete Alternativwährung in Ihrer Region, oder haben Sie Ideen, wie man es anders und besser machen könnte? Eine eigene Währung zu gründen ist eine prüfenswerte Idee, aber in jedem Fall eine größere Sache, die Sie nicht alleine stemmen können. Fachwissen, ein gutes Netzwerk und viel Ausdauer sind vonnöten. Es gibt für Neugründungen auch schon gutes Material und Anleitungen, wie man erfolgreich vorgehen kann.

Anleitungen deutsch:

- Wie man seine eigene Komplementärwährung schafft: Zehn Schritte zur Gründung Ihres eigenen Komplementärwährungssystems (Anhang B in Lietaer 1999)
- Komplementärwährungen zur Förderung der regionalen Wirtschaft in Städten und Gemeinden – Ein innovativer Ansatz für Kommunen (Schmalz 2013)

Anleitungen englisch:

- People Powered Money – Designing, developing & delivering community currencies (E-Book frei erhältlich unter: www.neweconomics.org/publications/entry/people-powered-money)
- Community Currency Guide (Bernard Lietaer, Gwendolyn Hallsmith): www.lietaer.com/2009/12/community-currency-guide/
- Start a local currency (John Rogers): valueforpeople.co.uk/
- Local Money – How to make it happen in your community (North 2010)

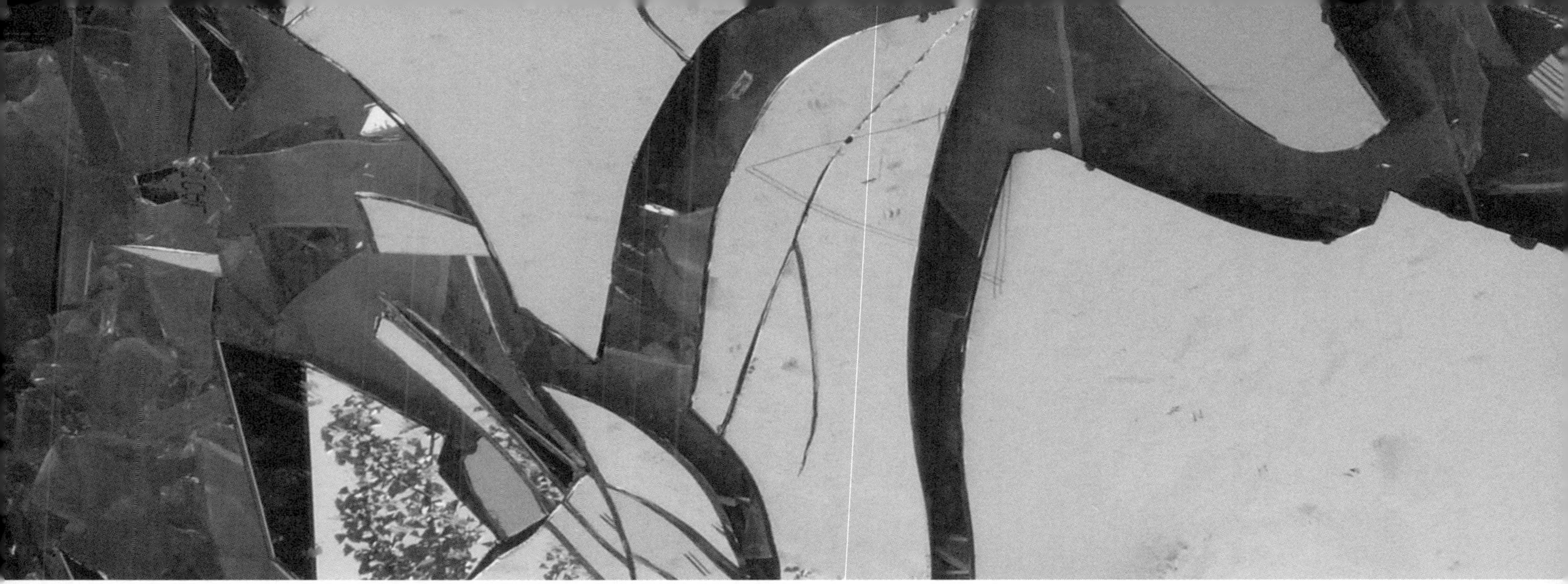

Geld und Währungen von A bis Z

A bis Z: Übersicht

Nachfolgende Übersicht ist eine ergänzte und erweiterte Version einer Darstellung aus dem Literaturbericht Alternative Geldkonzepte von Philipp Degens (2013) und stellt eine Zuordnung zu den Begriffen und Konzepten zur Verfügung, die Sie in diesem Teil des Buches finden. Sie ist jedoch nicht als Klassifikationsschema zu verstehen und erhebt auch keinen Anspruch auf Vollständigkeit. Zur Typologie von alternativen oder komplementären Währungen siehe zum Beispiel Martignoni 2012. Die Auswahl der Themen soll Ihnen einen Überblick geben und die wichtigsten Bereiche abdecken. In der folgenden Übersicht wird auf alle Begriffe, die in diesem Teil erläutert werden, verwiesen. Eine grafische Darstellung der Übersicht findet sich im Anhang auf Seite 190.

1. *Reform des Systems:* Darunter fallen alle Vorschläge, die in erster Linie das bestehende Geldsystem als Ganzes korrigieren, ändern oder auch ersetzen wollen.

    - *Zentrale Steuerung:* Eine große Reihe von Vorschlägen sieht weiterhin ein dominantes Geldsystem (staatliche Währung) vor, das durch entsprechende Maßnahmen reformiert (Anpassung) oder ersetzt (Neugestaltung) werden soll.

        - *Anpassung:* Hier sind Konzepte, die weiterhin auf eine Währung mit staatlicher Basis aufbauen und von den bestehenden oder historischen Wurzeln ausgehen. Viele Reformvorschläge fokussieren auch auf Anpassungen über das Steuersystem. Diese werden hier nicht berücksichtigt, da sie meist von der konventionellen Vorstellung des Geldsystems ausgehen und nur die bestehenden Finanzströme anders lenken wollen.
            - ▷ Vollgeld
            - ▷ Freigeld
            - ▷ Gold- und Silberdeckung

        - *Neugestaltung:* Die Konzepte stellen komplette Neuentwürfe dar, ohne historische Bezüge, die aber im Prinzip doch ein Währungsmonopol auf staatlicher Basis anstreben. Die beiden vorgestellten Konzepte Informationsgeld und Gradido aus dem deutschsprachigen Raum stehen exemplarisch für die zunehmende Zahl von Vorschlägen und Ideen für solche neue Währungen, die vorwiegend im Internet veröffentlicht werden.
            - ▷ Informationsgeld
            - ▷ Gradido

- *Währungspluralismus:* Diese Richtung deklariert eine Vielzahl von Währungen, die entweder gegeneinander konkurrieren (Konkurrenzwährungen), in Netzwerken kooperieren (Ecology of Money) oder in geordneten Strukturen jeweils bestimmte Funktionen einnehmen (Parallelwährung, Weltwährung).
  - ▷ Private Konkurrenzwährungen
  - ▷ Ecology of Money
  - ▷ Parallelwährungen
  - ▷ Weltwährung/Globale Referenzwährung

2. *Ergänzung durch Komplementärwährung:* Komplementäre Ansätze sehen sich in Ergänzung zum bestehenden Währungssystem, füllen Lücken oder haben einfach (noch) nicht den Anspruch, das bestehende System zu ersetzen.

- *Wirtschaftliche Zielsetzungen:* Ein großer und wichtiger Teil der komplementären Währungen haben direkte wirtschaftliche Zielsetzungen.
  - ▷ Geschäftswährungen (B2B)
    - ▷ Barter
    - ▷ Sardex.net
    - ▷ WIR
  - ▷ Kundenbindungs- und Rabattsysteme (B2C)
    - ▷ Superpunkte

- *Soziale und gesellschaftliche Zielsetzungen:* Viele Ansätze versuchen, gesellschaftliche und soziale Probleme mittels einer Währung anzugehen oder zu lösen.
  - □ *Individueller Ansatz:* Dieser Ansatz spricht primär das Individuum an als Träger von Veränderungen und als Problemlöser.
    - ▷ LETS
    - ▷ Zeittausch, Tauschkreis, Tauschring
    - ▷ Selbstgarantierte Wechsel
  - □ *Sektorieller Ansatz:* Die sektoriellen Konzepte, auch sektorielle Währungen genannt, sind Problemlösungsansätze für bestimmte, klar begrenzte gesellschaftliche Themen. Neben den vorgestellten Altersvorsorge- und Pflegewährungen sowie Bildungswährungen gibt es auch Überlegungen und Beispiele für Gesundheitswährungen und Jugendwährungen.
    - ▷ Altersvorsorge- und Pflegewährungen
    - ▷ Bildungswährungen
    - ▷ Reka-Geld

- *Mischformen:* Bei den Mischformen werden breite Zielsetzungen verfolgt oder hybride Konzepte vorgeschlagen, häufig auf der Basis der lokalen oder regionalen Gegebenheiten.
  - ▷ Transition Currencies
    - ▷ Bristol Pound
  - ▷ Regiogeld
    - ▷ Chiemgauer
    - ▷ NetzBon
  - ▷ Quartierwährung
  - ▷ Energiewährungen

3. *Digitale Neuformierung:* Mit unglaublicher Geschwindigkeit hat sich heute durch die Entwicklung der Informationstechnologie und des Internets eine völlig neue Bühne für alternative Währungen und Zahlungssysteme eröffnet. Blockchain- und Peer-to-Peer-Prinzipien (P2P) sind bereits so weit entwickelt, dass bisher undenkbar scheinende Ideen verwirklichbar werden, die zum Beispiel das Geldsystem mit Eigentums- und Vertragsverhältnissen direkt verschmelzen würden. Wissenschaftliche Artikel zeichnen bereits seit längerer Zeit Bilder von einer möglichen Entwicklung (z.B. Dembinski/Perritaz 2000). Inzwischen werden täglich neue Firmen gegründet, die auf den Boom teilhaben wollen. Es hat sich ein Bereich gebildet, der Fintech (Finance-Technology) genannt wird. Dabei handelt es sich um eine wilde Mischung von Technologiemaßnahmen, die die Finanzwirtschaft neu erfinden wollen, sich aber zum allergrößten Teil nur innerhalb des bestehende Geldsystem bewegen. Viel Innovation und damit Energie läuft also in die Bahnen des konventionellen, reparaturbedürftigen Finanzsystems und verschärft eher dessen Probleme, als dass systemische Lösungen für die Fehlfunktionen gesucht würden. Alles ist jedoch in enormer Bewegung, so dass diese Kategorie in der Übersicht auch einen Platzhalter für eine vielleicht kommende digitale Neuformierung von Geldsystemen darstellt.
   - ▷ Blockchain-Technologie
     - ▷ Bitcoin
     - ▷ FairCoin
   - ▷ Peer-to-Peer-Prinzip (P2P)

4. *Abschaffung des Geldes:* Die radikalsten Alternativkonzepte möchten das Geld abschaffen oder ganz ohne Geld auskommen. Die Sichtweise der Abschaffung kommt häufig auch aus der Idee von Geld als «Ursache allen Übels». Dies hier ebenfalls als Möglichkeit aufzuführen, mag etwas seltsam erscheinen, da «die Abschaffung des Systems» eigentlich den Rahmen sprengt und das Nachdenken über verschiedene Währungen überflüssig macht. Diese Perspektive einzunehmen – und sei es nur als Gedankenexperiment – bietet jedoch die Gelegenheit, die Gesamtidee «Geld» nochmals zu hinterfragen und auch zu erkennen, welche menschlichen und wirtschaftlichen Gegebenheiten es heute (noch) erfordern, ein Geldsystem als Hilfsmittel zu nutzen. Bereits eine lange Reihe von Denkern, von Plato über Thomas Morus (Utopia, 1516) bis zu modernen Feministinnen wie Genevieve Vaughan, haben die Idee einer besseren Gesellschaft ohne Geld beschrieben. Die Ökonomie des Teilens (Sharing-Economy) ist ebenfalls eine Strömung, die in vielfacher Weise versucht, eine andere Art des Austausches ursprünglich auch ohne Geld einzuführen. Hier gibt es aber bereits wieder Beispiele, wie die Taxidienste von Uber, die daraus ein profitorientiertes Geschäft machen konnten. Eine spannende Plattform auf der die Ideen des Teilens weiterentwickelt werden, ist OuiShare ein Nonprofit-Netzwerk ursprünglich aus Frankreich (ouishare.net).

▷ Schenkökonomie

Altersvorsorge- und Pflegewährungen

Begriff Die Zahl alter Menschen in den post-industrialisierten Ländern nimmt weiter zu. Im Alter müssen sie von jungen Menschen wirtschaftlich getragen werden, doch deren Anteil nimmt ab. Diese demografische Verschiebung führt zu steigenden Schwierigkeiten, die Altersvorsorge zu gewährleisten und die Ausgaben für Alterspflege nehmen zu. Verschiedene Konzepte alternativer Währungen setzen hier an und wollen Entlastungs- oder Lösungsmöglichkeiten anbieten. Gemeinsamer Nenner aller bisherigen Vorschläge ist, dass sie auf Zeit als Verrechnungseinheit basieren (▷ Zeittausch) und sektoriell meist eng begrenzt als Zeitvorsorge für die Alterspflege angelegt sind.

Idee, Konzept Das zentrale Zeitvorsorge-Konzept ist ein klassisches Solidaritätskonzept: Jüngere und gesunde Leute betreuen ältere oder kranke und können sich dafür die geleisteten Stunden gutschreiben lassen. Die Stunden können, je nach System, für den Gebrauch im eigenen Alter angespart oder auch direkt an andere Menschen mit Betreuungsbedürfnissen weitergegeben werden. Damit soll der zunehmende Bedarf an Betreuungs- und Pflegeleistungen abgedeckt werden. Die meisten Systeme beschränken sich bisher auf niederschwellige Betreuungsleistungen, um die professionelle Pflege nicht zu konkurrieren.

Beispiele, Praxis Das bekannteste und weltweit größte System nennt sich Fureai Kippu in Japan (siehe Kasten).

Weitere Beispiele sind die Seniorengenossenschaften in Deutschland, die mit Pflegepunkten arbeiten und teilweise die Zeitbanken (Time Banks) in England und den USA, die allerdings meist keine altersspezifische Ausrichtung haben.

Vor kurzem sind in der Schweiz zwei neue Systeme gestartet worden: Die Zeitvorsorge St. Gallen, die seit 2014 mit städtischer Starthilfe und Finanzgarantie das Zeitsparen anbietet. Das System beschränkt sich allerdings auf Menschen, die in der Stadt St. Gallen wohnen und pensioniert oder über 60 Jahre alt sind. Maximal kann ein Zeitguthaben von 750 Stunden angespart werden.

Das zweite, bereits 2012 gegründete System nennt sich KISS (keep it small and simple) und organisiert sich in regionalen Genossenschaften, die durch einen Dachverein verbunden sind. Diese Initiative hat einen breiteren Fokus und will eine regional abgestützte nichtmonetäre Altersvorsorge in Ergänzung zu den bestehenden monetären Vorsorgemöglichkeiten aufbauen.

Fureai Kippu (übersetzt «Pflege-Beziehungs-Ticket») ist eine japanische Bezeichnung für ein Pflegesystem mit Zeitgutschriften. Der Begriff wurde 1995 durch Tsutomu Hotta geprägt, einem ehemaligen Justizminister, der auch den bis heute bestehenden Dachverband «Sawayaka Welfare Foundation» ins Leben rief. Der Dachverband vereinigt etwa 390 aktive Zentren oder Organisationen in ganz Japan, die eine Vielzahl verschiedener Varianten des Systems betreiben (Hayashi 2012, S. 37). Dabei bekommen Freiwillige für ihre Hilfe und Betreuung älterer Menschen entsprechende Pflegetickets. Eine wichtige Möglichkeit besteht durch die sogenannte «long-distance-care». Dies erlaubt Fureai Kippu an einem entfernten Ort zu erarbeiten und die Gutschrift zum Beispiel an die betagten Eltern in der Heimatstadt weiterzuleiten.
Fureai Kippu sind häufig kombiniert mit anteiligen Entschädigungsmöglichkeiten in Landeswährung und können dann von Pflegebedürftigen auch gekauft werden.

Literatur und Links

BASS – Büro für Arbeits- und Sozialpolitische Studien (2008): Zeitgutschriften für die Begleitung, Betreuung und/oder Pflege älterer Menschen.

Hayashi, Mayumi (2012): Japan's Fureai Kippu Time-banking in Elderly Care: Origins, Development, Challenges and Impact.

Köstler, Ursula (2007): Aktivierung des Bürgers mittels Zeittauschsystemen.

www.kiss-zeit.ch: KISS (Dach-)Verein und Regionale Genossenschaften

www.vorsorgezeitbank.mynetcologne.de: Zeitvorsorge Köln e.V. – die Kölner Vorsorge-Zeitbank

www.zeitvorsorge.ch: Zeitvorsorge St. Gallen

Barter

Begriff Bartergeschäft, auch Kompensationsgeschäft oder Gegengeschäft genannt, ist eine Bezeichnung für eine gegenseitige Transaktion von Waren oder Dienstleistungen zwischen Unternehmen ohne Transfer von offiziellen Zahlungsmitteln.

Idee, Konzept Häufig kommen Bartergeschäfte bei Devisenknappheit oder generellen Schwächen des Banken- und Zahlungsverkehrs bei oder mit Unternehmen in Entwicklungsländern zum Zug oder wurden früher bei Handel mit den Ländern des Ostblocks genutzt (z.B. russischer Weizen oder Wodka gegen Coladosen oder Jeans). Da Bartergeschäfte zwischen zwei Parteien meist zu zusätzlichen Handelsaktionen führen (siehe Abbildung), sind seit vielen Jahren sehr erfolgreiche Barterorganisationen oder Barter-Clubs im Markt tätig, die bei Vermittlung und Weitervermarktung der Güter

Das klassische Bartergeschäft gezeigt am Beispiel eines Erfrischungsgetränkeverkaufs aus einem Land mit Hartwährung (Dollar) in ein Land mit Weichwährung

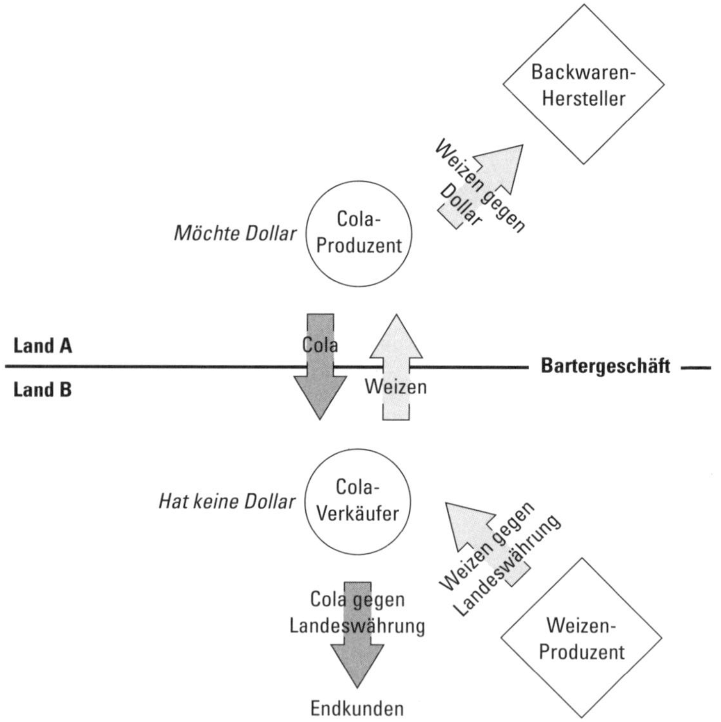

helfen. Sie verwenden öfters auch eigene Verrechnungseinheiten und helfen bei der Sicherstellung des Vertrauens. Sie vermitteln, registrieren und sichern Handelsbeziehungen, überprüfen die Handelspartner und ermöglichen temporär unausgeglichenen Handel durch eine Kreditfunktion. Barter konzentriert sich vor allem auf Industrie- und Handelsunternehmen und hat häufig internationale Dimensionen und größere Volumen, kann aber de facto sehr ähnliche Formen und Strukturen wie Tauschringe oder LETS bilden.

Beispiele, Praxis Der internationale Verband der Barterorganisationen IRTA (mit über 100 im Verband zusammengeschlossenen Barterorganisationen) schätzt, dass im Jahre 2013 von weltweit über 400 000 an Barter beteiligten Unternehmen ein Umsatz von über 12 Milliarden Dollar erzielt wurde.

Die IRTA schreibt einen ethischen Codex vor und bietet zusätzlich die Möglichkeit, mittels «Trade-Dollars» in der verbandseigenen Währung UC (Universal Currency) Geschäfte zu betreiben.

Literatur und Links

Mirus, Rolf/Yeung, Bernard (Hrsg.) (2001): Economics of Barter and Countertrade.

www.deutsche-kompensation.de: Deutsche Kompensationsgesellschaft, kommerzielles Beispiel

www.irta.com: International Reciprocal Trade Association, Weltweiter Verband der Barterorganisationen

Bildungswährungen

Begriff Bildungswährungen sind sektorielle Währungen zur Finanzierung von Bildungsmaßnahmen oder zur Unterstützung bestimmter Bildungsziele, die mit herkömmlichen Finanzierungsmodellen nicht zu erzielen sind. Im deutschen Sprachraum wird auch der Begriff Bildungsgutscheine dafür verwendet.

Idee, Konzept Ein grundlegendes Konzept einer Bildungswährung wurde 2004 vom Geldexperten Bernard Lietaer zusammen mit Gibson Schwartz von der Universität Sao Paolo für die Situation in Brasilien entwickelt und unter dem Namen *Saber* (Portugiesisch für Wissen) bekannt. Es ist als mehrstufiges System in Ergänzung zur Landeswährung aufgebaut (Lietaer 2004, S. 3):

- Die Bildungswährung wird in Form von fälschungssicheren Papiergutscheinen vom Bildungsministerium an Primarschulen ausgegeben.
- Mit den Gutscheinen kann (zunächst) ausschließlich Bildung «erworben» werden. Die Schüler der tieferen Klassen (z.B. 10-Jährige) erhalten diese, um Nachhilfeunterricht bei älteren Schülern (z.B. 12-Jährigen) zu beziehen. Diese tun das ebenfalls bei noch älteren, bis die Gutscheine bei den ältesten Schülern angekommen sind, die damit Studiengebühren an höheren Schulen und Universitäten bezahlen können.
- Die Gutscheine haben ihren vollen Wert für die Studiengebühren in einem festgelegten Studienjahr. Werden sie später eingelöst, sinkt der Wert jährlich um 20 Prozent. Das verstärkt den Anreiz, die Gutscheine so schnell wie möglich einzulösen.
- Die Hochschulen können die *Sabers* nach bestimmten Kriterien beim Bildungsministerium in Landeswährung zurücktauschen.

Die verschiedenen Konzepte der Bildungsgutscheine betonen den marktwirtschaftlichen Effekt einer nachfrageorientierten Finanzierung der Bildung.

Beispiele, Praxis Der *Saber* wurde in Brasilien leider bis heute noch nicht als staatliches Programm umgesetzt. Das Konzept konnte aber andere Projekte befruchten. Eine private Initiative in England gibt das L£ heraus (L für Learning) und nennt sich *tgl,* was teaching-giving-learning bedeutet. Hier können Kurse und Lernmöglichkeiten angeboten werden. Das System ist an sechs verschiedenen Schulen im Pilotstadium und bietet durch eine neue Softwareplattform auch generelle Lösungsmöglichkeiten für Vernetzung und Austausch an.

In Deutschland gibt die Agentur für Arbeit die Möglichkeit vor, Bildungsgutscheine für die Weiterbildung von Arbeitslosen bereitzustellen. Diese sind aber an sehr enge Bedingungen geknüpft und nur mit minimalen Wahlmöglichkeiten versehen.

Der Kanton Genf (Schweiz) setzt seit 2001 Bildungsgutscheine (CAF – chèque annuel de formation) für die Weiterbildung von Menschen mit niedrigen Einkommen ein. Das Konzept ist sehr erfolgreich und auch andere Kantone der Schweiz prüfen, ob solche Bildungsgutscheine eingeführt werden könnten.

Beurteilung, Kritik Das Konzept der Bildungsgutscheine hat sich schon an einigen Orten etabliert, allerdings nur in einem sehr engen und restriktiven Sinne. Damit werden leider die großen Vorteile einer Bildungswährung von Anfang an eliminiert. Eine echte Bildungswährungen, die mehrfach verwendbar ist und im ganzen Bildungsbereich gelten würde, ist noch nirgendwo umgesetzt. Ein gut adaptiertes Konzept könnte, gerade bei der heutigen Sparpolitik, dringend notwendige Ressourcen für den Bildungsbereich erschließen. Um die vielen Vorbehalte einem solchen System gegenüber abzubauen, bräuchte es aber vermutlich eine mutige Pionierregion, die den Tatbeweis erbringt.

Literatur und Links

Kennedy, Margrit/Battke, Kathleen (2008): Neue Wertschöpfung in der Wissensgesellschaft: Bildungsgutscheine für Deutschland.

tglhubs.com: Teaching Giving Learning

www.complementarycurrency.org/ccLibrary/brazil_education_currency_system_Lietaer.pdf: Vorschlag für eine brasilianische Bildungswährung (englisch)

Bitcoin

Bitcoin	
Verbreitung	weltweit
Zweck	Bitcoin (BTC) will als dezentrale Währung ohne das Vorhandensein einer zentralen Autorität auskommen und betont die volle Freiheit des Individuums als wichtigen Zweck.
Träger/ Organisationsform	Bitcoin basiert auf einem frei zugänglichen (Open Source) Code. Eine Stiftung wurde gegründet, die den Umgang mit diesem Code organisieren und den Ruf pflegen will.
Vertrauensgrundlage (Deckung)	Bitcoin fordern viel Vertrauen und sind nur durch die Aktivitäten des Netzwerkes gedeckt: ▪ Vertrauen in die Verschlüsselungstechnologie ▪ Vertrauen in die laufende Weiterarbeit der *Miner* ▪ Vertrauen in eine teilweise anonyme oder außerhalb des Gesetzes stehende Ad-hoc-Nutzergemeinschaft Bitcoin wird dargestellt, als Währung bei der man sich nicht auf «unzuverlässiges» menschliches Vertrauen verlassen muss, sondern auf unbestechliche Software.
Ausgabe/Rückzug	▪ Bitcoins werden nach feststehendem Zeitplan neu «geschöpft». Das sogenannte *Mining* entscheidet nur, wer von den beteiligten Rechnern (Minern), die ihre Kapazität zur Verfügung gestellt haben, die neuen Währungseinheiten bekommt. Es ist eine Art Lotterie, je mehr Tickets, desto wahrscheinlicher der Gewinn. ▪ Das willkürlich festgelegte Maximum das erzeugt werden wird, ist 21 Mio. BTC.
Verbreitung und Teilnehmende	▪ Nutzerzahlen sind nicht direkt bekannt, da es ein offenes anonymes System ist. ▪ Ende Juni 2017 waren 16,4 Mio. BTC im Umlauf, Tendenz weiter steigend.
Umsatz	▪ Täglich wurden Mitte 2017 etwa 250 000 Transaktionen ausgeführt. ▪ Im Jahre 2016 wurde ein Umsatz im Gegenwert von etwa 560 Mrd. USD erreicht.

Organisation & Geschichte ____ Die Entwicklung von Bitcoin beruht auf einer völlig neuartigen Idee, was Zahlungsverkehr und Geld anbelangt. Der Ausgangspunkt ist der Einsatz von Informationstechnologie, die eine sichere Übertragung von Zahlungen in einer Währung garantieren soll. Dafür veröffentlichte 2008 eine bis heute anonym gebliebene Person, vermutlich ein Verschlüsselungsexperte oder allenfalls auch eine Gruppe von Personen, unter dem Namen Satoshi Nakamoto eine Peer-to-Peer-Technologie (siehe auch P2P). Diese besteht aus einem Protokoll mit einer laufend länger werdenden *Blockchain* (Blockkette) von verschlüsselten Informationen, die alle Daten zu den ausgeführten elektronischen Zahlungen enthält. Im Januar 2009 wurde erstmals ein lauffähiges Programm zum Download zur Verfügung gestellt. (▷ Blockchain-Technologie)

Anfänglich wurden Bitcoins unter Programmier-Freaks als Spielerei verwendet. Zum Beispiel soll damals eine Pizza für 10 000 BTC bestellt worden sein. Bald wurde es aber ernsthafter und 2011 beteiligte sich WikiLeaks (Julian Assange), das von allen Geldquellen abgeschnitten wurde, um Spenden zu sammeln. Aber auch Drogenhändler und Waffenschieber entdeckten die Währung und kurze Zeit später stieg der Wert auf 22 Dollar pro BTC. Als im Jahre 2013 auch Spekulanten die Währung entdeckten, erreichte der Kurs zwischenzeitlich über 1100 Dollar, sank dann aber rasch wieder ab, lag Ende 2015 bei ungefähr 400 Dollar pro BTC und erreichte 2017 Werte über 4000 Dollar. Die Volatilität ist sehr hoch.

Funktion und Details Bitcoins funktionieren nur in einem laufenden Netzwerk von vielen leistungsfähigen Computern. Diese stehen andauernd über das Internet in Kommunikation miteinander. Sie werden *Miner* genannt, weil sie darauf spekulieren, für Ihre Aufwände die Rechner in Betrieb zu halten, mit neu geschöpften Bitcoins belohnt zu werden. Bei jedem Miner ist eine identische Kopie der aktuellen Blockchain vorhanden. Werden nun Zahlungen getätigt, werden diese Daten gesammelt, unter allen beteiligten Rechnern abgeglichen und dann dem Datensatz als neuer, unveränderlicher Block angefügt. Damit sind die Zahlungen dann definitiv und für «alle Zeit» in der Blockchain sichtbar gespeichert. Dieser Vorgang findet etwa alle 6 bis 7 Minuten statt. So lange dauert es also, bis eine Zahlung bestätigt ist, und sie kann dann nicht mehr rückgängig gemacht werden.

Während also alle Zahlungen einsehbar sind, bleiben die Absender und Empfänger insofern geheim, als dass jeder beliebig viele Konti eröffnen kann, ohne seine Identität preiszugeben. Nur die immer eindeutige Kontonummer ist sichtbar. Sobald allerdings eine Zuordnung der Nummer zu einer Person möglich wird, sind alle von und an die Person getätigten Zahlungen ebenfalls zuordenbar. Anonymitätsfreaks empfehlen daher, für jede Transaktion ein neues Konto zu eröffnen, damit keine Rückschlüsse möglich sind. Ein *Wallet* (Brieftasche) ist ein einfaches Programm (respektive eine App), mit dem man Konti eröffnen und verwalten kann, wenn man es auf seinen Rechner oder Mobile Device lädt. Es existieren viele Hersteller (siehe Links).

Bitcoins können entweder durch Landeswährung bei entsprechenden Geldwechslern online oder auch an speziellen Bitcoinautomaten gekauft werden. Oder man bietet seine Dienste oder Produkte gegen Bitcoins an und kommt so zu dieser neuen Währung.

Beurteilung ____ Bitcoin ist die bekannteste der neuen Kryptowährungen, und sie funktioniert in vielen Bereichen bereits sehr gut, weil inzwischen mehrere Millionen Nutzer da sind. Der Beweis eines weltweiten bankenunabhängigen Zahlungsnetzwerkes konnte damit erbracht werden. Bitcoin ist aber eine Währung ohne klare Bekenntnis zum Gemeinwohl. Außerdem ist keine zugehörige wirtschaftliche Grundlage ersichtlich, was auch zu den sehr starken Kursschwankungen führt und Bitcoin damit zu einer parasitären Währung macht. Dazu wird durch den Dauerbetrieb der *Mining*-Computer enorm viel Energie verbraucht. Die zentrale Idee von alternativen Währungen, Spekulation und Ungleichgewichte zu mindern und bessere Lebensbedingungen zu fördern, wird in vielen Punkten systematisch nicht erfüllt.

Literatur und Links

bitcoin.org/de: Offizielle Website des Netzwerks

bitcoin.org/de/waehlen-sie-ihre-wallet: Wallet

bitcoinfoundation.org:
Die Bitcoin Stiftung ist die älteste und größte Gruppierung in der Bitcoin-Welt. Ihr Fokus liegt auf Bildung, Interessenvertretung und Unterstützung der weltweiten Entwicklung von Bitcoin und Blockchain-Technologie.

blockchain.info/de: Direkte Einsicht in die Transaktionen und Statistik der Blockchain

coinacademy.co: Lernmodule zu den Kryptowährungen

www.coindesk.com/information/how-to-store-your-bitcoins: Wallet

Begriff ___ Eine Blockchain oder zu deutsch *Blockkette* ist ein gemeinsam geteilter öffentlicher Datensatz und enthält ein beglaubigtes Journal von Übertragungsvorgängen, zum Beispiel das Journal der Buchhaltung einer gesamten Währung. Die Integrität und die chronologische Reihenfolge der Einträge (Blöcke) werden durch hochentwickelte Kryptographie (Verschlüsselungstechnik) sichergestellt. Eine Blockchain-Währung verwendet diese Technologie als Grundlage. Blockchain-Währungen werden deshalb häufig auch als Krypto-Währungen bezeichnet. Ein weiterer Anwendungsbereich ist das Vertragswesen, wo Vorgänge beglaubigt werden müssen (Smart Contracts).

Idee, Konzept ___ Die Blockchain wurde über mehrere Stufen entwickelt, aber als eigentliche Technologie erstmals 2008 in einem anonymen Artikel unter dem Pseudonym Satoshi Nakamoto beschrieben. Bereits 2009 wurde dann eine lauffähige Open-Source-Software und Grundlage der Währung *Bitcoin* veröffentlicht. Die Technik ist in gewissen Punkten revolutionär und kombiniert eine Zahl von Elementen zu einem noch nicht dagewesenen neuen Protokollsystem mit unveränderlichen (sicheren) Dateieinträgen. Kernelement ist die Blockchain, eine Aneinanderreihung von Datenblöcken, die alle gültigen Transaktionen zu einem Zeitpunkt enthalten und nachträglich nicht mehr geändert werden können, ohne dass alle nachfolgenden Blöcke ungültig werden. Obwohl die Blockchain öffentlich verfügbar ist und von jedem ergänzt und fortgeschrieben werden kann, wird dadurch sichergestellt, dass nur genau eine gültige Datenversion existiert und weiterentwickelt wird. Damit wird sozusagen durch maximale Öffentlichkeit die Datensicherheit garantiert. Das Niveau der Verschlüsselung ist so hoch, dass es mit der heute bekannten Technologie unmöglich ist, dieses System zu fälschen oder zu manipulieren.

Weiter ist ein genaues Verfahren (Protokoll) festgelegt, wie ein Netzwerk von unabhängigen Computern (Knoten) in Zeitschritten jeweils bestimmt, welche Transaktionen (Zahlungen) zulässig und korrekt sind. Wenn ein Rechner die kryptischen Berechnungen gelöst hat, wird ein gültiger nächster Block festgeschrieben, aber erst dann, wenn dies durch genügend andere Knoten bestätigt worden ist.

Jede Kontonummer wird genau einmal vergeben und enthält einen öffentlichen Schlüssel (die Kontonummer) und einen privaten, geheimen Schlüssel. Jedes Konto kann beliebige Zahlungen erhalten, aber nur der Inhaber des geheimen Schlüssels kann auch Zahlungen vom Konto auslösen. Dieses System gleicht dem inzwischen abgeschafften Nummernkonto der Schweizer Banken, in dem der Inhaber der Nummer ohne Identitätsnachweis fraglos über das ganze Konto verfügen konnte.

Das Konzept der Blockchain wird bereits weiterentwickelt und kann zu Systemen erweitert werden, die für die dezentrale Verwaltung jeglicher Rechtsdokumente und Abmachungen verwendbar ist, sogenannte *Smart Contracts* oder auch für Abstimmungsverfahren.

Beispiele, Praxis Die Blockchain-Technologie wird von allen Kryptowährungen benutzt. Das bekannteste Beispiel ist Bitcoin, daneben existieren sehr viele weitere Währungen mit jeweils eigener Blockkette wie FairCoin, Freicoin, Mastercoin, Peercoin, Litecoin, Ether etc.

Das Zahlungsnetzwerk Ripple verwendet die Technik zur Vereinfachung der internationalen Zahlungen in den Landeswährungen.

Es existieren auch bereits weitere Anwendungsmöglichkeiten: Die Software Ethereum der gleichnamigen in Baar in der Schweiz ansässigen Firma arbeitet zum Beispiel mit Smart Contracts und bietet ein verteiltes Konsensverfahren für Entscheidungen.

Beurteilung, Kritik Die Erfindung der Blockkette wird als wichtige Innovation gesehen, die den Zahlungsverkehr um Größenordnungen vereinfachen und Banken, wie sie heute sind, total neu definieren wird. Deshalb sind viele Großbanken dabei, diese Technologie zu adaptieren.

Jedoch birgt diese Technologie eine noch stärkere Abhängigkeit vom Internet und verlässt sich vollständig auf kryptische, für Menschen nicht mehr entzifferbare Daten. Damit wird auch hier wieder eine Steigerung der Effizienz und Erhöhung der Automatisierung vor den viel drängenderen Fragen der Verteilung und der Systemstabilität forciert.

Literatur und Links

Clippinger, John H./Bollier, David (Ed.) (2014): From Bitcoin to Burning Man and Beyond – The Quest for Identity and Autonomy in a Digital Society.

www.ethereum.org

www.ripple.com

Bristol Pound

Bristol Pound	
Verbreitung	Südengland, Stadt Bristol
Zweck	Förderung der lokalen Wirtschaft und Stärkung von Identität und wirtschaftlicher Gemeinschaft in Bristol. Ein größerer Teil der Wertschöpfung soll vor Ort bleiben. Schutz vor negativen Auswirkungen der Globalisierung.
Träger/ Organisationsform	Partnerschaft zwischen Bristol Pound Community Interest Unternehmen (CIC) und Bristol Credit Union mit Unterstützung der Stadt Bristol.
Vertrauensgrundlage (Deckung)	▪ Mit britischem Pfund gedeckt: 1 £ = 1 £B. ▪ £ sind auf einem Treuhandkonto hinterlegt.
Ausgabe/Rückzug	▪ Kauf gegen einen gleichen Betrag in englischen Pfund. ▪ Ablauf der Scheine nach 3 Jahren, mit Umtauschmöglichkeit. ▪ Rücktauschgebühr: 1–2 % möglich, wird aber bis heute nicht angewandt.
Verbreitung und Teilnehmende	▪ 649 Betriebe waren 2014 angeschlossen und 1096 individuelle Konten eröffnet. ▪ Gesamte Nutzerzahlen sind nicht direkt bekannt, da es durch das Papiergeld ein teilweise offenes System ist.
Umsatz	Im Juni 2014 waren 618 000 £B im Umlauf. Effektive Umsätze waren noch nicht publiziert.

Organisation & Geschichte ______ Bristol ist mit 433 000 Einwohnern die achtgrößte Stadt Großbritanniens und befindet sich in der gleichnamigen Grafschaft in Südwestengland. Sie ist ein wichtiges Zentrum der Kultur, Bildung und Beschäftigung und hat eine stark multiethnisch geprägte Bewohnerschaft mit vielen afrikanisch- und asiatisch-stämmigen Einwohnern. In Bristol wird einer nachhaltigen Entwicklung großen Wert zugemessen. So war die Stadt auch Umwelthauptstadt Europas im Jahr 2015.

Bristol Pound hat seine aus Wurzeln in der englischen Transition-Town-Bewegung. Das Währungsmodell ist sehr ähnlich wie andere Transition-Währungen (▷ Transition Currencies) in Brixton, Stroud, Lewes oder Totnes und auch nahe am Regiogeld-Modell in Deutschland.

Nach zweijähriger Vorbereitungszeit wurde das Bristol Pound am 19. September 2012 erstmals herausgegeben. In den Medien aus der ganzen Welt wurde sehr positiv darüber berichtet. Besonders beeindruckte, dass der Bürgermeister nun sein gesamtes Gehalt in Bristol Pounds erhielt.

Vorderseite einer Bristol-Pound-Note (Serie 2015), ein Porträt der Suffragette Annie Kenney vom Künstler Juraj Prodaj

Funktion und Details — Bristol Pound können im Umtausch gegen englische Pfund im Verhältnis 1 : 1 erworben werden. Ein Rücktausch ist nur elektronisch möglich mit einem Tageslimit.

Die Papierwährung, das Marketing und die Netzwerkbildung werden von der Bristol Pound CIC (Community Interest Company) getragen. Dieses gemeinwirtschaftliche Unternehmen arbeitet nach dem Modell einer Stakeholder-Genossenschaft und gibt Bristol Pound Kontoinhabern ein Mitspracherecht bei der Entwicklung des Unternehmens. Es werden Noten mit dreijähriger Laufzeit von 1, 5, 10 und 20 £B herausgegeben, die von einheimischen Künstlerinnen gestaltet werden.

Die elektronische Währung wird zusammen mit der Bristol Credit Union betrieben. Jeder Benutzer der elektronischen Bristol Pound wird Mitglied der Credit Union. Diese ist als Zentralbank verantwortlich für die Kontoführung und verwaltet die eingetauschten englischen Pfund Sterling (£) aus dem Bargeldverkauf auf einem Treuhandkonto. Zahlungen in Bristol Pound können via Internet, SMS oder seit neustem auch mit eigener App gemacht werden.

Die Unterstützung der Stadt ermöglicht, dass Unternehmen von Beginn weg die lokalen *business rates* (eine Art Gewerbesteuer auf dem Immobilienwert) mit Bristol Pound bezahlen konnten. Inzwischen können alle Mitglieder auch die Gemeindesteuern (council tax) mit Bristol Pound zu zahlen. Dies sind entscheidende Argumente für die Akzeptanz der Währung.

Schild für Geschäfte, die Bristol Pound annehmen

PR£UD
to accept Bristol Pounds

Beurteilung Bristol Pound ist eine alternative Währung, die sehr erfolgreich gestartet ist und in der Öffentlichkeit auf hohe Akzeptanz stößt. Das Modell unter Beteiligung der Stadt hat große Stärken und auch andere Städte wollen nun ähnliche Währungen einführen. Es bleibt noch abzuwarten, ob die wirtschaftlichen Ziele ebenfalls erreicht werden können.

Literatur und Links

community-currency.info/en/currencies/bristol-pound: Weitere Infos

www.bristolpound.org

Chiemgauer

Chiemgauer	
Verbreitung	Deutschland, Südost-Oberbayern (Chiemgau)
Zweck	Aufbau von regionalen Wirtschaftskreisläufen, Förderung des Gemeinwohls
Träger/ Organisationsform	Chiemgauer Regiogeld UG (Betreiber) im Auftrag des Chiemgauer e.V., Traunstein
Vertrauensgrundlage (Deckung)	■ Eurogedecktes Gutschein- und Girosystem ■ Euroäquivalent der gekauften Bargutscheine 100% auf Bankkonten hinterlegt.
Ausgabe/Rückzug	■ Kauf gegen einen gleichen Betrag in Euro ■ Ablauf der Scheine nach 3 Jahren, mit Umtauschmöglichkeit ■ Halbjährliche Verlängerung durch Marken (Umlaufimpuls) ■ Rücktausch nur für Betriebe, Gebühr 5%
Verbreitung und Teilnehmende	■ 593 Betriebe (Akzeptanzstellen) sind angeschlossen. ■ 3036 KonsumentInnen nehmen teil. ■ 260 Vereine werden unterstützt. (Zahlen 2014)
Umsatz	■ Umsatz aller Unternehmen: 7 426 269 Chiemgauer ■ Umsatzwachstum +9% (Zahlen 2014)

Organisation & Geschichte ——— Der Chiemgauer geht zurück auf eine Schülerfirma an der Waldorfschule Prien im Chiemgau (Bayern), die im September 2002 von sechs Schülerinnen und dem Wirtschaftslehrer Christian Gelleri gegründet wurde. Das Unternehmen hieß Chiemgauer regional, Verein für nachhaltiges Wirtschaften und gab am 1. Januar 2003 erstmals 2000 Chiemgauer in Scheinen aus. Ein rasantes Wachstum begann. Bereits 2006 betrug der Chiemgauer-Umsatz aller beteiligten Unternehmen über eine Million. Im gleichen Jahr wurde in Zusammenarbeit mit lokalen Banken der elektronische Chiemgauer (Girogeld) eingeführt. Regelmäßige Kongresse lockten auch ein internationales Publikum an und der Chiemgauer wurde zum Modellprojekt und Vorbild aller anderen Regiogelder.

Im Jahre 2010 wurde der Chiemgauer mit einem Mikrokreditprogramm der GLS-Bank erweitert und ab 2011 wurden auch Gemeinden eingebunden.

Chiemgauer-Schein, gültig 2016 bis 2018 mit Klebefeldern für Verlängerungsmarken

Funktion und Details Der Chiemgauer ist ein 1:1 eurogedecktes «Gutscheinsystem» mit einem Umlaufimpuls von ursprünglich 8 % pro Jahr (ab 2016 noch 6 %). Er existiert in Scheinen von 1, 2, 5, 10, 20 und 50 Chiemgauer, die mit Marken jeweils halbjährlich im Wert wieder ergänzt werden müssen. Ebenfalls existiert der Chiemgauer als elektronischer «Regio» auf speziell gekennzeichneten Konten bei den angeschlossenen lokalen Banken. Die Einnahmen aus der laufenden Entwertung werden nach den Wünschen der Verbraucher an regionale Vereine (Kultur, Sport, Bildung etc.) verteilt und beleben die Region auch kulturell. Im Jahr 2014 wurden so zum Beispiel über 60 000 Euro-Äquivalent an Kulturförderung ausgezahlt.

Beurteilung Der Chiemgauer hat sich durch eine gelungene Kombination von Ideen von Silvio Gesell und Rudolf Steiner zusammen mit viel freiwilligem Engagement und regionaler Wirtschafts- und Kulturförderung in einer ländlich geprägten und traditionell ausgerichteten Region durchgesetzt. Der Chiemgauer ist heute das größte Regiogeld Deutschlands und hat auch international viele neue Systeme beeinflusst.

Das Konzept des Chiemgauers wird laufend weiterentwickelt und der Professionalisierungsgrad steigt mit den zunehmenden Umsätzen weiter an.

Literatur und Links

regionetzwerk.blogspot.de: Regiogeld-Verband Deutschland

Thiel, Christian (2011): Das bessere Geld – Eine ethnographische Studie zu Regionalwährungen.

Weis, Mathias/Spitzeck, Heiko (Hrsg.) (2008): Der Geldkomplex – Kritische Reflexionen unseres Geldsystems und mögliche Zukunftsszenarien.

www.chiemgauer.info

Ecology of Money

Begriff_____ Der Begriff «Ecology of Money» wurde von Richard Douthwaite (1942–2011) geprägt, einem britischen Ingenieurökonomen, Ökologen und Aktivisten sowie Mitgründer von FEASTA (Foundation for the Economics of Sustainability), einem Irischen alternativen Thinktank.

Ecology of Money bezeichnet ein mehrstufiges und plurales, nach ökologischen Prinzipien aufgebautes Geldsystem.

Idee, Konzept_____ Der Ansatz geht davon aus, dass, wie in der Natur und im Leben leicht zu beobachten, ein einziges gleichartiges Instrument nicht gleichzeitig in allen möglichen Anwendungsfällen optimal gestaltet sein kann. In verschiedenen Situationen und unter

Schema eines weltweiten Währungssystems

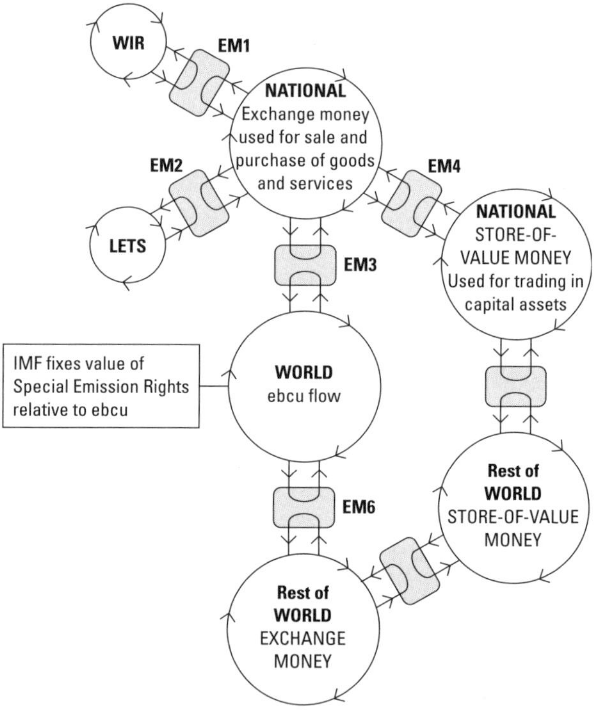

Exchange mechanisms: markets which allow money from one circular flow to be exchanged for that from another. The markets balance supply and demand so there is no net flow in either direction.

Anm. d. Verf.: EM1 bis EM7: Austausch- oder Wechselmärkte für den Transfer zwischen den Systemen. Genauere Erklärungen finden sich unter www.feasta.org/documents/moneyecology/app1.htm (17.4.2017)

(Quelle: Douthwaite 2012)

verschiedenen Umständen werden Instrumente mit unterschiedlichen Charakteristiken gebraucht. Deshalb wird eine Diversität der Währungen mit jeweils zweckentsprechender Anpassung als wichtigste Stoßrichtung für die Lösung der bestehenden Schwierigkeiten postuliert, konkret Währungstypen für die Stufen

- lokal/regional,
- national,
- international.

Dazu können noch Währungen kommen, die als Wertmaßstab dienen, zum Beispiel eine globale Referenzwährung und solche, die speziell für die Wertaufbewahrung konzipiert sind (Douthwaite 2012, S. 68).

Eine zusätzliche Dimension bieten sektorielle Währungen, die auf einzelne Themen- oder Problembereiche fokussiert sind wie Bildungswährungen, Energiewährungen oder Pflegewährungen.

Die Diversitätsidee wurde später auch von Bernard Lietaer (z.B. 1999, S. 424ff.) weiterverfolgt und wird vom Club of Rome in seinem Bericht über Geld und Nachhaltigkeit als grundlegend angesehen und unterstützt. Im Bericht wird auch mittels der «Physik komplexer Flussnetzwerke» (Lietaer et al. 2013, S. 113ff.) versucht nachzuweisen, dass nur durch Diversität von Währungen überhaupt eine stabile Situation geschaffen werden kann. Alle diese Währungen bilden einen großen weltweiten Verbund, der einen kontrollierten gegenseitigen Austausch ermöglicht.

Beurteilung, Kritik ——— Das Währungssystem parallel zum Ökosystem zu betrachten, schafft eine bisher nicht beachtete Verbindung von Geld zu Natur und hat sehr vieles für sich. Noch wenig bearbeitet sind dabei die Fragen, wie der Austausch zwischen den vielen verschiedenen Währungen in der Praxis ausgestaltet werden kann.

Literatur und Links

Douthwaite, Richard (2012): The Ecology of Money.

Lietaer, Bernard A. (1999): Das Geld der Zukunft – Über die zerstörerische Wirkung unseres Geldsystems und Alternativen hierzu.

Lietaer, Bernard A./Arnsperger, Christian/Goerner, Sally/Brunnhuber, Stefan (2013): Geld und Nachhaltigkeit – Von einem überholten Finanzsystem zu einem monetären Ökosystem.

www.feasta.org: Foundation for the Economics of Sustainability

Energiewährungen

Begriff Energiewährungen sind Währungen, die Energie oder Energieeinheiten (z.B. Kilowattstunden) repräsentieren und/ oder durch diese gedeckt sind. Sie können als eine spezielle Form von warengedeckten Währungen konzipiert werden, oder/und Energie als Maßstab für umweltgerechte Werte und Bewertung verwenden.

Idee, Konzept Es gibt zwei wesentlichen Zielsetzungen von Energiewährungen. Zum Einen möchte man eine Währung schaffen, die das ökonomische System wertmäßig mit ökologischer Nachhaltigkeit verknüpfen kann. Das basiert auf den Überlegungen, dass etwas, was einen hohen Energieeinsatz erfordert, auch einen hohen Preis haben soll und dass die erneuerbare Energie bevorzugt werden müsste. Die zweite Richtung stellt die Deckung der Währung ins Zentrum. Diese wird in Form von produzierten Energieeinheiten bereitgehalten. In Erweiterung dazu arbeiten *Klimawährungen* mit den Auswirkungen des Energieverbrauchs und sind beispielsweise an die Vermeidung von CO_2-Ausstoß gekoppelt.

Für die effektive Umsetzung von Energiewährungen in ein funktionsfähiges Konzept existiert eine große Zahl von Vorschlägen. Shann Turnbull, ein australischer Währungsexperte, schlägt zum Beispiel folgendes Konzept eines *Renewable Energy Dollar* vor:

- *Primary notes:* Die Produzenten von erneuerbarer Energie geben zertifizierte kWh-Zertifikate heraus.
- Diese primary notes werden von einer Bank als wertstabile Reservewährung gehalten.
- *Secondary notes:* Die Bank gibt Green Dollars an ihre Kunden aus, die durch die primary notes gedeckt sind.

Das Zertifikat für die Wörgler Sonnen-Scheine

Beispiele, Praxis _____ Verschiedene Energieversorgungsunternehmen haben begonnen, Beteiligungen in Form von Energiebezugsrechten zu verkaufen, wie zum Beispiel in der Stadt Wörgl im Tirol. Mit dem Erwerb eines *Wörgler Sonnen-Scheins* beteiligen sich Stromkunden der Stadtwerke am Sonnenkraftwerkspark. Zum Preis von 900 Euro erwirbt man ein Strombezugsrecht für 20 Jahre.

Ein Wörgler Sonnen-Schein entspricht einer Kraftwerkskapazität von 0,5 kW photovoltaisch, womit in einem durchschnittlichen Sonnenjahr ca. 450 kWh Sonnenstrom erzeugt werden können.

Ähnliche Beteiligungsmodelle werden auch anderenorts angeboten. Leider sind die Zertifikate bisher nicht handelbar und stehen somit nicht als eigentliche Währung zu Zahlungszwecken zur Verfügung.

Eine interessante Variante einer energiegekoppelten Währung ist das japanische *WAT-System,* das von Eiichi Morino im Jahre 2000 ins Leben gerufen wurde. Es ist eigentlich ein System von ▷ selbstgarantierten Wechseln, gleichzeitig aber an die Energieeinheit (kWh) gebunden. Es basiert auf der Währungseinheit 1 WAT = 1 kWh Strom und wird speziell von Firmen, aber auch von Privatpersonen und Gruppen herausgegeben (Kennedy/Lietaer 2004, S. 183f.).

Beurteilung, Kritik _____ Energiewährungen haben ein sehr einleuchtendes Konzept und könnten die heute zu schwache Verknüpfung des Währungssystem mit den knappen Ressourcen und dem Energieverbrauch verstärken und damit eine nachhaltigere Wirtschaft forcieren. Die meisten Konzepte stecken aber noch in den Kinderschuhen und müssen weiter entwickelt werden.

Literatur und Links

Ryan-Collins, Josh/Schuster, Ludwig/Greenham, Tony (2012): Energising Money – An introduction to energy currencies and accounting.

Wörgler Sonnen-Scheine: unsereenergie.woergl.at/produkte-services/erneuerbare-energien/woergler-sonnenscheine

www.watsystems.net: Japanisches WAT-System

FairCoin

Begriff_____ FairCoin ist ein Beispiel einer von Bitcoin abgeleiteten Crypto-Currency, die als Teil der internationalen Fair.coop-Bewegung eine neue Wirtschaftsform ermöglichen soll.

Hintergrund_____ Der Ursprung von FairCoin liegt bei der katalanischen Genossenschaft CIC (Catalan Integral Cooperative), einer selbstverwalteten Initiative mit dem Ziel, eine von Grund auf neue Gesellschaft durch Selbstorganisation und gruppenbasierte Aktionen zu errichten. Gegenseitige Unterstützung und kollektive Ressourcen sollen Alternativen außerhalb des Einflussbereichs des Bankensystems und des Staates schaffen. CIC hat in den letzten Jahren bereits ein Netzwerk von selbstverwalteten Projekten sowie bio-regionale und lokale Initiativen in Spanien aufgebaut.

Um diese Ideen auch international umzusetzen, wurde im Jahre 2014 die Initiative Fair.coop gestartet. Fair.coop ist eine offene, globale Genossenschaft, die sich via Internet selbst organisiert und außerhalb nationaler oder staatlicher Strukturen operieren will. Eines der vorrangigsten Ziele von Fair.coop ist ein neues System zu errichten, welches auf Kooperation, Ethik, Solidarität und Gerechtigkeit in unseren Wirtschaftsbeziehungen basiert. Dabei bildet die Transformation hin zu einem faireren Geldsystem ein Schlüsselelement.

FairCoin soll die neue Währung werden, die als Basis eines solchen globalen Wirtschaftssystems dient.

Fair.coop besteht aus einer Zahl weiterer Instrumente zur Umsetzung der weitreichenden Ziele. Einige davon werden bereits genutzt, andere sind noch im Ideenstadium.

Idee, Konzept ______ Bisherige Kryptowährungen bauen darauf auf, dass jemand bereits Ressourcen besitzt, sei es bisheriges staatliches Geld, um Coins zu kaufen, oder aber genügend Rechenkapazität, um selbst neue Währung zu erhalten (Mining). FairCoin setzt hier an und will die Währungseinheiten gleichmäßig verteilt jedem ausgeben, der diese will, ungeachtet seines bisherigen finanziellen Status. In einer ersten Aktion wurden 50 Millionen Einheiten in einem «airdrop» zufällig an Bewerbende verteilt. FairCoins werden auch danach nicht mit aufwändiger Rechenleistung (Mining) im Umlauf gehalten, sondern durch ein energiesparenderes Verfahren, das sogenannte «Minting» oder «Proof of Stake», mit den bestehenden Beständen abgeglichen.

Symbolische Münze für FairCoin

Weitere Maßnahmen und eine eingebaute Transaktionssteuer sollen einen hohen Grad an Fairness in der Verteilung garantieren.

Beurteilung, Kritik ______ FairCoin ist ein Beispiel, wie die durch Bitcoin ausgelöste Bewegung sich weiterentwickelt, vermehrt, soziale und politische Anliegen mit der Technologie verknüpft und auch die ökologischen Folgen der hohen Rechenleistung als Problem erkennt und reduziert. Die grundlegenden Fragen zur bedingungslosen Anonymität der Nutzenden und besonders auch die Frage, wie die willkürlich geschöpfte Währung in einen sinnvollen Zusammenhang mit der realen Wirtschaftsleistung und Steuerung der wirtschaftlichen Vorgänge kommen soll, sind den technikaffinen Schöpfern noch fremd. Solange das nicht geklärt wird, bleibt FairCoin ein spannendes, Experiment, das früher oder später von besseren Währungen ersetzt werden wird.

Literatur und Links

fair-coin.org: Die Währung

fair.coop: Hintergründe und Trägerschaft

p2pfoundation.net/FairCoin: Diskussionsforum

Freigeld

Begriff ___ Als Freigeld wird eine Währung bezeichnet, die nach den Grundprinzipien von Silvio Gesell durch laufenden Wertezerfall an die Eigenschaften der verderblichen Güter angepasst wird. Oft werden dafür auch die Begriffe Schwundgeld, rostendes Geld oder umlaufgesichertes Geld verwendet. Für die Höhe des Wertezerfalls sind die Begriffe Umlaufsicherung, Negativzinsen oder Demurrage in Gebrauch.

Idee, Konzept ___ Silvio Gesell beschreibt die Grundlagen von Freigeld wie folgt: «Geld, das wie eine Zeitung veraltet, wie Kartoffeln fault, wie Eisen rostet, wie Äther sich verflüchtigt, kann allein sich als Tauschmittel von Kartoffeln, Zeitungen, Eisen und Äther bewähren. Denn solches Geld wird weder vom Käufer noch vom Verkäufer den Waren vorgezogen. Man gibt dann nur noch die eigene Ware gegen Geld her, weil man das Geld als Tauschmittel braucht, nicht, weil man vom Besitz des Geldes einen Vorteil erwartet.» (Gesell 1984, S. 238)

Die freiwirtschaftliche Theorie sieht also das grundsätzliche Problem des Geldes in den fehlenden Lagerkosten. Dadurch erhalten Geldbesitzer einen systemischen Vorteil gegenüber allen Anbietern von Gütern oder Diensten.

Durch eine Umlaufsicherung soll dieser Vorteil des Geldes egalisiert werden. Damit würde es rascher zirkulieren und Stockungen des Geldflusses würden vermieden. Umgesetzt werden sollte das mittels einer periodischen Gebühr auf liquide Geldbestände (Bargeld und Guthaben auf Girokonten). Die Geldbesitzenden können durch rasche Weitergabe des Geldes diese Gebühren minimieren. Das längerfristige Aufbewahren von nicht investiertem Geld wird damit unattraktiv. Da nur langfristig angelegtes Geld nicht von der

Muster des Freigeldes

Gebühr betroffen ist, würden sich die Zinsen von langfristigen Anlagen verbilligen oder auf Null sinken. Das heißt die Zinsstrukturkurve würde insgesamt nach unten verschoben. Ein weiterer Vorteil des Freigeldes wäre die Reduktion oder sogar Aufhebung des Zinseszinseffektes, der zu exponentiellem Wachstum von Vermögen und Schulden führt. Dieser Aspekt wurde besonders von Helmut Creutz und Margrit Kennedy weiter ausgearbeitet.

Als praktische Umsetzung schlug Gesell vor, beschränkt gültige Geldscheine mit Markenfeldern herzustellen. Dieses Geld würde jede Woche 1 Promille seines Wertes verlieren. Durch wöchentliches Aufkleben von Marken muss die Gültigkeit aufrechterhalten werden.

Beispiele, Praxis ____ Freigeld wurde von Gesell als staatliches Geld gesehen, jedoch fanden alle Umsetzungsversuche bisher auf regionaler oder nicht-staatlicher Ebene statt.

Das sehr erfolgreiche *Experiment von Wörgl* (Abschnitt «Wära – Wörgl – WIR», Seite 61), das in der Österreichischen Stadt Wörgl 1932/33 durch den Bürgermeister Michael Unterguggenberger initiiert und durchgeführt wurde, war stark beeinflusst von Gesells Ideen. Der ▷ Chiemgauer verwendet ebenfalls eine Umlaufsicherung nach dem Vorschlag Gesells.

Beurteilung, Kritik ____ Die Freigeldidee ist stark geprägt vom materialistischen Geldverständnis (Warentheorie) und der restriktiven Geldpolitik ihrer Zeit. Dass der Geldwert stärker an den Warenwert gebunden sein und Geldhortung verringert werden sollte, ist einsichtig. Die entscheidendere Frage der Geldallokation – wohin das Geld fließt – kann damit allerdings nicht behandelt werden.

Literatur und Links

Creutz, Helmut (2003): Das Geld-Syndrom – Wege zu einer krisenfreien Wirtschaftsordnung.

Kennedy, Margrit (1991): Geld ohne Zinsen und Inflation – Ein Tauschmittel das jedem dient.

Schwarz, Fritz (2008): Das Experiment von Wörgl – Ein Weg aus der Wirtschaftskrise.

www.inwo.de, www.inwo.ch, www.inwo.at: Initiative für Natürliche Wirtschaftsordnung INWO

www.humane-wirtschaft.de: Zeitschrift Humane Wirtschaft

Begriff Der Begriff Geldreform ist historisch eng mit aufklärerischen und revolutionären Bewegungen anfangs des 20. Jahrhunderts verknüpft. Die Geldreform wollte Grundzüge des Geldverständnisses, also das Bewusstsein einer breiten Bevölkerungsschicht, durch Kritik am Zins und durch ein neues Geldverständnis verändern. Eine Forderung war zum Beispiel eine Umlaufsicherung des Geldes, eine andere eine Reform des Bodenrechts. Geldreform steht damit im Gegensatz zur Währungsreform, wo die Verfassung und häufig auch der Name einer bestehenden Währung durch Regierung oder Parlament von oben geändert werden. Die Geldreformbewegung ist eng mit der Freiwirtschaftsbewegung von Silvio Gesell verknüpft, die eine Natürliche Wirtschaftsordnung (NWO) und ein Freigeld forderte. Dieser Ansatz wurde im Verlauf der Zeit in den Hintergrund gedrängt. Die Geldreformbewegung hat sich heute mit der Bewegung für ein ▷ Vollgeld verbunden oder ist sogar in ihr aufgegangen. Sie ist als *International Movement for Monetary Reform* in über zwanzig Ländern aktiv.

Logo des International Movement for Monetary Reform

International Movement *for* Monetary Reform

Beurteilung, Kritik Die Geldreformbewegung besteht in unterschiedlichsten Konstellationen seit über 100 Jahren. Die bisherigen politischen Erfolge waren jedoch bescheiden. Die Bewegung wurde von der Ökonomik nicht wahrgenommen und ist in den Lehrbüchern der Ökonomie meist nicht enthalten. Daran änderten auch einige durchaus wohlwollende Kritiken von führenden Ökonomen wie John Maynard Keynes oder Irving Fisher nichts.

Trotzdem oder vielleicht gerade weil die Geldreformer bisher zu Außenseitern gemacht wurden, müssen sie zumindest im deutschsprachigen Raum als Väter der alternativen Währungen angesehen werden. Bei den meisten wichtigen Impulse und Experimente im 20. Jahrhundert lassen sich direkte Wege oder deutliche Spuren zur Geldreformbewegung aufzeigen, sei es beim Experiment von Wörgl, bei der WIR-Bank oder beim Chiemgauer.

Die Geldreformbewegung selber beurteilt die neuen Währungen meist sehr skeptisch. Ihre inhärente Zielsetzung sieht sie nach wie vor in einer Veränderung der nationalen Währungen. Heute nach einem Schema, das hauptsächlich bei der Kontrolle oder Demokratisierung der Geldschöpfung ansetzt. Eine Vielfalt an Währungen oder nicht-staatliche Vorstellungen von Währungen werden bisher nicht als erfolgsversprechende Lösungsansätze für eine Geldreform betrachtet.

Literatur und Links

internationalmoneyreform.org: IMMR – International Movement for Monetary Reform

www.positivemoney.org: Positive Money (Großbritannien)

www.monetative.de: Monetative (Deutschland)

www.inwo.de: Initiative für natürliche Wirtschaftsordnung

vollgeld.ch/verein-momo: Monetäre Modernisierung MoMo (Schweiz)

Geschäftswährungen (B2B)

Begriff Geschäftswährungen dienen dem geschäftlichen Austausch und Zahlungsverkehr zwischen Unternehmen. Dieser allgemeine Begriff wird hier spezifisch für alternative Währungen gebraucht und bezeichnet eine Vielzahl unterschiedlichster Ansätze. Im Englischen wird dies Business-to-Business oder abgekürzt B2B genannt.

Idee, Konzept Neuzeitliche Unternehmen sind in ihrer Existenz noch stärker abhängig von einer stabilen Währungsordnung und einem stetigen Geldfluss als Privatpersonen. Zudem benötigen sie ein Grundkapital und meist auch noch einen Betriebskredit, um tätig zu sein. Auf der anderen Seite sind sie Hersteller von Waren oder Dienstleistungen und Eigentümer von Produktionsmitteln und besitzen damit eine grundlegende Kreditwürdigkeit. Dies bietet eine sehr stabile und gute Grundlage für alternative Währungen. Damit kann sehr rasch ein gegenseitiges Verrechnungssystem nach dem Credit-Clearing-Prinzip (Greco 2009, S. 124) aufgebaut werden. Bei einigen Systemen, wie beispielsweise der Schweizer WIR-Bank (▷ WIR), wurde dieses Gegenseitigkeitsprinzip teilweise aufgehoben: Die Bank ist hier die zentrale Sicherungs- und Kreditschöpfungsinstanz.

Eine Geschäftswährung ist gleichzeitig ein Unternehmensnetzwerk. Durch die eingeschränkte Nutzbarkeit der Währung werden Mitglieder bei Einkäufen bevorzugt berücksichtigt. Nur so kann die eingenommene Währung wieder ausgegeben werden. Eine Frage bei reinen Geschäftswährungen bleiben die Endkunden, die ausgeschlossen sind oder nur am Rande beteiligt werden (z.B. als Angestellte der Unternehmen). Eine reine Geschäftswährung kann deshalb den Teil des Umsatzes eines Unternehmens substituieren, der mit anderen Unternehmen im Netzwerk gemacht wird. Das sind auf der Ausgabenseite Investitionsgüter (inkl. Gebäude), Kauf von Bestandteilen und Vorprodukten, Kauf von Verbrauchsmaterial, geschäftlich benötigte Dienstleistungen und Geschäftsspesen. Auf der Einnahmeseite müssen Käufer für die eigenen Produkte und Dienste im Netzwerk gefunden werden.

Beispiele, Praxis ___ Als erste und bis heute erfolgreiche Geschäftswährung kann das 1934 gegründete WIR-System bezeichnet werden, das im Gefolge der Wirtschafts- und Währungskrise ab 1929 entstanden ist. Der vermutlich entscheidende Erfolgsfaktor des Systems war, dass es von Beginn weg als Geschäftswährung zwischen kleinen und mittleren Unternehmen (KMU, Mittelstand) konzipiert war. (▷ WIR)

Das aktuellste Beispiel für erfolgreiche Geschäftswährungen ist Sardex.net und seine Ableger in Italien (▷ Sardex.net).

Aus praktischen Gründen verwenden beide Organisationen ein 1:1 Kursverhältnis zu ihrer Landeswährung. Damit wird auch die Verbuchung vereinfacht. Die Handhabung der Steuern geschieht analog zu jeder anderen Fremdwährung. Die Umsätze sind voll anrechenbar und die Steuern müssen in der Landeswährung beglichen werden,

Beurteilung, Kritik ___ Professionell eingeführte und gemanagte Geschäftswährungen gehörten bisher immer zu den erfolgreichsten alternativen Währungen. Erstaunlicherweise wird diese Idee aber nur selten aufgegriffen. Ein Grund liegt möglicherweise im Konkurrenzdenken bei KMUs, das sie davon abbringt, zu erkennen, dass alle gleichermaßen von einer funktionierenden Geld-Infrastruktur abhängig sind.

Durch die ausschließliche Ausrichtung auf Unternehmen und Umsätze besteht bei Geschäftswährungen eine Tendenz, die Währung als reines Marketing- und Verkaufsinstrument zu sehen. Dabei werden weitere mögliche Vorteile, wie zum Beispiel die Krisenvorsorge oder die Regionalentwicklung, ausgeblendet und bleiben unentwickelt.

Literatur und Links

Greco, Thomas H. (2009): The End of Money and the Future of Civilization.

www.wir.ch: WIR-System

www.sardex.net

Gold- und Silberdeckung

Begriff ______ Die Gold- und Silberdeckung entstammt der Vorstellung, dass Geld eigentlich in Reinform Gold (oder Silber) sein müsse und entsprechende andere Geldzeichen jederzeit in Gold oder Silber umtauschbar sein müssen, damit sie einen Wert hätten.

Idee, Konzept ______ Die Gold- oder Silberdeckung des Geldes entstand durch die Einführung der Banknote und der Münzen, die nicht mehr aus Gold oder Silber gemacht wurden. Das schwere Gold wurde in der Bank hinterlegt und die Banknote im ursprünglichen Sinne war eine Quittung, die bestätigte, dass das Edelmetall jederzeit abgeholt werden könnte. Der Papierschein war somit gedeckt und wertvoll. Gold und Silber an sich haben aber nur einen Wert, solange jemand bereit ist, diese Metalle gegen gewünschte Leistungen (z. B. Nahrungsmittel) anzunehmen. Dies ist keineswegs sicherer als bei anderen Geldformen, und der Gold- und Silberpreis unterliegt deshalb auch sehr großen Schwankungen. Die Auffassung, die Menge des umlaufenden Geldes müsse durch die entsprechende Menge Goldes oder Silbers im Besitz des Staates oder der Banken abgesichert werden, beruht auf der Warentheorie des Geldes.

Goldstandard

Beim Goldstandard wurde die Währungseinheit eines Landes fix als eine bestimmte Menge von Gold definiert. Die Währung musste dadurch jederzeit auch in Gold eintauschbar sein und die Nationalbank dieses Landes musste entsprechend Mengen Gold bereithalten (Golddeckung). Zwei Länder mit Goldstandard hatten deshalb auch fixe Wechselkurse, basierend auf der Quantität Gold, die man mit den Währungen kaufen konnte
Der Goldstandard war lange Zeit ein wichtiger Teil der Währungsordnung vieler Länder auf der Welt und löste die davor bestehenden Silberstandard und Bimetallismus (Gold und Silber gleichzeitig) ab. Die Bank of England führte 1844 einen Goldstandard ein, der ihr gleichzeitig die stärkere Nationalisierung und Kontrolle der Währung erlaubte. Die vollständige Golddeckung wurde später immer weiter zu einer Teildeckung reduziert.
Der Goldstandard wurde letztmals im System von Bretton Woods von 1944 von 44 Ländern in spezieller, an den Dollar gekoppelter Form eingesetzt. Dieses System scheiterte 1973. Seither gilt der Goldstandard als nicht mehr praktikabel und wird nicht mehr eingesetzt.

Gold und Silber eignen sich durch ihre Haltbarkeit und praktische Unzerstörbarkeit ideal zum Aufbewahren und Horten, deshalb lagern noch heute die meisten National- und Zentralbanken im Auftrag des Staates große Mengen an Gold. Dieses dient aber nur noch als Wertspeicher und es besteht keine Verpflichtung mehr, die Landeswährung gegen Gold einzutauschen. Der Mythos Gold = Geld lebt dadurch aber bei vielen Leuten weiter.

Beurteilung, Kritik Der Goldstandard wirkt durch die Bindung des Geldwertes an ein bestimmtes Gut (eben Gold) stabilisierend, ist jedoch wenig flexibel und kann der tatsächlichen Wirtschaftsentwicklung häufig nicht genügend Rechnung tragen. Bei einem wirtschaftlichen Wachstum müssen zum Beispiel alle Länder ihre Goldvorräte erhöhen, was aber physisch durch die Goldförderung begrenzt ist. Gold- oder silbergedeckte Währungen sind deshalb tendenziell deflationär, das heißt bremsen die Wirtschaftsentwicklung.

Auch als Absicherungsinstrumente sind die Edelmetalle heute unbrauchbar. Weder könnten bei einer Währungskrise plötzlich die Banknoten durch Gold- und Silbermünzen ersetzt werden, noch existiert viel weniger eine Möglichkeit, wie das dominierende Giralgeld auf den elektronischen Konten durch Gold ersetzt werden könnte.

All diese Probleme wurden seit Entstehen des Goldstandards immer wieder aufgezeigt und nachgewiesen. In Amerika gab es bereits im späteren 19. Jahrhundert eine intensive Debatte darüber (vgl. Spooner 1878). Trotzdem gibt es weiterhin militante Verfechter des Goldstandards und in der Schweiz wurde sogar eine Verfassungsinitiative eingereicht, die «Goldwährung» wieder einzuführen. Die Initiative wurde 2014 aber vom Volk abgelehnt.

Literatur und Links

Spooner, Lysander (1878): Gold And Silver As Standards Of Value: The Flagrant Cheat In Regard To Them.

Goldwährung Schweiz: www.nzz.ch/schweiz/der-lange-abschied-von-der-goldwaehrung-1.18414916/

Gradido

Begriff Gradido – Natürliche Ökonomie des Lebens – ist ein Geld- und Wirtschaftsmodell, das im Wesentlichen von Bernd Hückstädt und Margret Baier, den Gründern des Projekts Joytopia in Künzelsau, (Deutschland) entwickelt wurde. Gradido ist ein Konzept, das die gesamte Wirtschaft mittels eines neuen Geldsystems umgestalten möchte. Gleichzeitig ist es auch der Name der neuen Währung. Das Wort Gradido setzt sich zusammen aus *Gra*titude (Dankbarkeit), *Di*gnity (Menschenwürde) und *Do*nation (Schenkung).

Idee, Konzept Das System basiert auf Grundsätzen der Bionik und will sich nach dem Vorbild der Natur richten. Es bietet ein Grundeinkommen für jeden Menschen, einen von vornherein zugeteilten Staatshaushalt für jedes Land und einen zusätzlichen Ausgleichs- und Umweltfonds.

Die zentrale Idee besteht in einer dreifachen Geldschöpfung. Jeden Monat würden durch den Staat für jede Bürgerin und jeden Bürger 3000 Gradido (elektronisch) geschöpft:

- 1000 Gradido als Grundeinkommen
- 1000 Gradido als Staatseinkommen
- 1000 Gradido für den Ausgleichs- und Umweltfonds

Das Grundeinkommen soll bevorzugt als *aktives Grundeinkommen,* mit einem Aufruf zu freier Mitarbeit an der Gemeinschaft, ausbezahlt werden. Das Staatseinkommen würde anstelle aller heutigen Steuern für den Staatshaushalt verwendet, und mit dem Ausgleichsfonds würden alle notwendigen Anstrengungen zur Sanierung der Altlasten der gegenwärtigen Gesellschaft und zur Einhaltung der Klimaziele finanziert.

Die laufende Geldschöpfung müsste durch eine in der Währung eingebaute Vergänglichkeit (Demurrage) von 50% pro Jahr in ein stabiles Gleichgewicht gebracht werden. Nach einiger Zeit würde so eine stabile Gesamtgeldmenge von ca. 30 000 Gradido pro Person bestehen bleiben.

Praktische Umsetzung ___ Gradido wird heute von seinem Erfinder und einem breiten Kreis von Menschen als Idee portiert. Auf der Gradido-Plattform kann man sich als Mitglied des Netzwerks einschreiben und ein Gradido-Konto anlegen. Damit kann man pro Monat 100 Gradido als «Grundeinkommen» erwerben und einen Teil des Modells einmal ausprobieren. Ein Marktplatz von Angeboten und Bedürfnissen ermöglicht den gegenseitigen Austausch. Es ist ebenfalls erwünscht, mit den Gradidos *Dankpunkte* an andere zu vergeben, die man unterstützen oder auszeichnen will. Jeden Monat werden 5% der Guthaben auf den Mitgliederkonten wieder abgeschöpft. Auf der Plattform waren 2016 über 4300 Mitglieder eingeschrieben.

Beurteilung, Kritik ___ Immer wieder werden utopische Wirtschafts- und Geldmodelle vorgeschlagen, die für eine gerechte und damit friedvolle Welt sorgen sollen. Auch Gradido hat sehr hohe Ziele und wirkt visionär in seiner einfachen aber treffenden Konzeption. Die zentrale Idee, ein Grundeinkommen über die Geldschöpfung zu finanzieren, ist nicht neu, aber originell ausgearbeitet. Allerdings wird dann das System ausschließlich positivisierend in «100 Vorteilen» blumig geschildert. Ergänzende «100 Nachteile» oder kritische Fragen werden in den offiziellen Texten kaum erwähnt. Entsprechend fehlen auch halbwegs realistische Vorstellungen, wie ein solches System jemals verwirklicht werden könnte. So bleibt Gradido im Ideenstadium stecken und gerät in Gefahr, als esoterisches Schönwetterprogramm abgestempelt zu werden.

Literatur und Links

Vgl. auch die viel handfestere Utopie:
Burka, Uwe (2015): Eine zukunftsfähige Geld- und Wirtschaftsordnung für Mensch und Natur.

Hückstädt, Bernd (2012): Gradido – Natürliche Ökonomie des Lebens – Ein Weg zu weltweitem Wohlstand und Frieden in Harmonie mit der Natur.

gradido.net

Begriff ___ Informationsgeld ist ein von Franz Hörmann, Professor am Institut für Unternehmensrechnung an der Wirtschaftsuniversität Wien, entwickeltes, sehr radikales Konzept eines neuen Geldsystems, das vor allem die reine Rechenfunktion respektive Informations- oder Gedächtnisfunktion von Geld nutzen will. Dadurch soll mittels zusätzlicher demokratischer, vertraglicher Prozesse eine gerechte Ressourcenzuteilung ermöglicht werden.

Idee, Konzept ___ Das Konzept sieht vor, die Währung mittels eines bedürfnisoptimierten Grundeinkommens zu schaffen, indem die Menschen gemäß ihren spezifischen Bedürfnissen regelmäßig eine Gutschrift auf ihr Konto erhalten. Das Geld wird als reiner Buchungssatz von einer zentralen «Demokratischen Nationalbank» geschaffen. Danach geben die Menschen das Geld für die notwendigen Produkte und Dienstleistungen aus, und es wird den Produzenten gutgeschrieben. Von deren Konten wird es dann (nach Beurteilung seines Informationsgehalts, wie viel damit gekauft worden ist) einfach wieder gelöscht.

Grundsätze ___ Auf der zentralen Website des Informationsgeldes werden die Grundsätze wie folgt beschrieben: «Jeder Mensch schließt einen Gesellschaftsvertrag mit der gesamten Gemeinschaft (dem sozialen Netz, der ‹Demokratischen Nationalbank›) ab. Darin werden ein individuelles Preissystem (…), ein individuelles Tarifsystem (wieviel Informationsgeld wird für die Erbringung von Leistungen an die Gesellschaft individuell für diesen Menschen geschöpft?) und ein individueller Warenkorb (welche und wie viele Güter und Leistungen welcher Art und Qualität werden von diesem Individuum in welchem Zeitintervall gewünscht?) eingerichtet.» (www.informationsgeld.info/gesellschaftsvertrag.html, 29.5.2017)

Zentrale Website für das Informationsgeld

Beurteilung, Kritik Informationsgeld hat einen sehr interessanten Ansatz gewählt, indem versucht wird, Geld auf seine reine Informationswirkung zu reduzieren. Das Konzept wirft aber eine große Zahl zusätzlicher Fragen auf, die noch nicht befriedigend beantwortet sind. Beispielsweise wird für die Beantwortung der Frage, wie jeder Mensch seine Bedürfnisse sinnvoll bei der Gesellschaft anmelden könnte, ein «Lebenscoach» zur Seite gestellt, der ihm bei dieser Aufgabe helfen soll. Dabei wird das eigentliche Problem einer individuell-kollektiven Bedürfnisermittlung aber nicht gelöst.

Im Kern handelt es sich beim ganzen Konzept einerseits um einen Ansatz für eine optimierte, zentrale Systemsteuerung der Wirtschaft. Dass dafür das Geldsystem eingesetzt werden soll, ist ein folgerichtiger und zukunftsträchtiger Gedankenschluss. Andererseits werden aber auch freie individuelle Bedürfnisbefriedigung, einfachste Handhabung und zusätzliche Mittel für jeden Einzelnen postuliert. Der dadurch entstehende massive Zielkonflikt wird nur ungenügend thematisiert. Das Modell ist damit noch weit von einem realisierbaren (und wünschbaren) Zustand entfernt. Es kann aber als wegweisende Diskussionsgrundlage wichtige Impulse vermitteln.

Literatur und Links

Hörmann, Franz/Pregetter, Otmar (2011): Das Ende des Geldes – Wegweiser in eine ökosoziale Gesellschaft.

www.informationsgeld.info: Zentrale Website

Kundenbindungs- und Rabattsysteme (B2C)

Begriff Kundenbindungssysteme sind in großer Zahl unter verschiedensten Namen wie Treueprogramm, Bonussystem, Loyality-System, Cashback-System oder auch Kundenkarten-, Clubkarten- oder Vorteilskartenprogramm im Einzelhandel und anderen Branchen verbreitet. Sie sind langfristig angelegte Teile des Marketings (B2C = Business-to-Customer) und dienen dazu, die Kundenbindung durch Rabatte zu erhöhen und die Kunden zu Zusatzkäufen anzuregen. Die meistgenutzte Methode besteht darin, Punkte oder andere Einheiten wie Meilen bei Käufen einem Konto gutzuschreiben. Idealerweise sind solche Systeme mitgliederbasiert (vgl. Schnöring/Woisetschläger 2016, S. 42) und werden im Folgenden kurz im Bezug auf ihre Währungsfunktion dargestellt.

Idee, Konzept Rabattsysteme des Einzelhandels existieren bereits seit dem 19. Jahrhundert, als sie als Kampfmaßnahme gegen die starke Ausbreitung der Konsumgenossenschaften eingesetzt wurden. Damals erhielten die Kunden bei jedem Kauf eine entsprechende Zahl Rabattmarken, die in ein Heft geklebt werden mussten und zu einer Rückvergütung berechtigten. Die meisten Systeme heute funktionieren mit einer Plastikkarte oder mit einer App auf dem Smartphone, das einen Code erzeugt, der an der Kasse bei der Bezahlung vorgewiesen werden muss. Die moderne Datenverarbeitung und -speicherung hat diesen Systemen eine neue Dimension zugefügt. Durch die Datenerhebung bei der Verwendung kann mittels Data-Mining das Kaufverhalten der Kartenbesitzer detailliert analysiert werden.

Technisch gesehen handelt es sich bei denjenigen Systemen, die übertragbar sind und einen diversifizierten Einsatz erlauben, um Währungen, die auf der Anerkennungsfunktion aufbauen. Für die Überlassung der Landeswährung beim Kauf erhält der Kunde vom Verkäufer nicht nur das eigentliche Produkt, sondern auch noch einen Betrag in der entsprechenden Bonuswährung auf seinem Konto gutgeschrieben. Mit solchen Währung können zum Beispiel Prämienprodukte aus einem speziellen Katalog günstiger erstanden werden, sie kann gegen andere Vergünstigungen eingetauscht werden oder im besten Falle kann damit direkt wieder in den beteiligten Unternehmen eingekauft werden. Die Bonuswährungen haben also einen eingeschränkten Verwendungsbereich und verfallen teilweise bei Nichtgebrauch nach einiger Zeit. Der Gegenwert der Währung ist durch das Versprechen der Einlösemöglichkeiten gedeckt. Der

Gesetzgeber schreibt in Europa vor, dass bei den Herausgebern entsprechende Rückstellungen in Landeswährung vorhanden sein müssen.

Reine Cashbackprogramme können hingegen nicht als Währungen betrachtet werden, solange ihre «Punkte» nur als Anzeige für die Höhe der Rückzahlung in Landeswährung dienen.

Beispiele, Praxis Eine kommerzielle Untersuchung identifiziert 2013 in Europa weit über 1200 unternehmensgebundene (Single-)Bonusprogramme und 78 Multipartner-Bonusprogramme (Finaccord 2013). Die bekanntesten, ältesten und größten Systeme sind die Vielfliegerprogramme mit Flugmeilen, die 1981 von American Airlines erfunden wurden und heute in etwa 200 Varianten existieren (vgl. Schnöring/Woisetschläger 2016, S. 138). Die Flugmeilen werden inzwischen auch bei allen möglichen weiteren Unternehmen eingesetzt oder können direkt gegen Landeswährung gekauft werden. Der weltweite Bestand an nicht eingelösten Meilen soll inzwischen 15 bis 20 Billionen betragen (vgl. Schnöring/Woisetschläger 2016, S. 138–139), was sogar bei konservativer Schätzung des Wertes einem Betrag von über 100 Milliarden Dollar entspricht.

Meistverbreitete Systeme im Einzelhandel sind etwa:

- Deutschland: Payback, HappyDigits, DeutschlandCard
- Schweiz: Cumulus, Supercard (▷ Superpunkte), IKEA Family
- Österreich: Billa-Vorteils-Club, BIPACard, DM-Kundenkarte

Beurteilung, Kritik Die Kundenbindungssysteme sind besonders im Einzelhandel in ihrer Wirksamkeit umstritten, haben sich aber dennoch durchgesetzt, einerseits «weil das alle so machen», andererseits auch weil das Marketing immer stärker von der Auswertung der Kundendaten abhängig geworden ist. Das Potenzial weiterer Geldfunktionen (Abschnitt 4.3) wird bisher von keiner Unternehmung ernsthaft in Betracht gezogen. Einzig bei den Flugmeilen hat sich durch Spekulation und Schnäppchenjagd ein größerer, aber chaotischer «Währungsraum» gebildet.

Literatur und Links

Ranzinger, Alexandra (2011): Praxiswissen Kundenbindungsprogramme.

The Economist (2005): Funny Money.

Begriff Eine weit verbreitete Form von Komplementärwährung ist unter der Abkürzung LETS bekannt, was Local Exchange Trading System bedeutet. Das LETS-Konzept wurde 1982/83 von David Weston und Michael Linton in Kanada entwickelt (siehe Abschnitt «Wiederentdeckung ab 1980», Seite 66) und basiert auf gegenseitigem Kredit (mutual credit). Die Urform hat sich inzwischen vielfach weiterentwickelt und hundertfach verbreitet. LETS kann heute in anderen Varianten auch Local Employment and Trading System oder Local Energy Transfer System heißen.

Idee, Konzept Ein LET-System ist als Mitgliedervereinigung, zum Beispiel als Verein, organisiert und hat eine transparent geführte Buchungszentrale, die für jedes Mitglied ein Konto führt. Außerdem gibt es eine Marktzeitung oder einen elektronischen Marktplatz, wo Angebote und Nachfragen der Mitglieder veröffentlicht werden. Jedes Mitglied, das neu eintritt, erhält ein Konto mit einer Standard-Kontolimite nach unten (Kreditlimite) und kann vom ersten Moment an die Währung nutzen. Landeswährung kann weder ein- noch ausgezahlt werden. Die maximal mögliche Menge der umlaufenden LETS-Einheiten ist durch die Formel «Anzahl Mitglieder mal Kreditlimite» jederzeit leicht berechenbar. Das System wird meist durch die Festlegung dieser Limite und durch Gebühren und Umlaufsicherung gesteuert. Später wurde die ursprüngliche, an der Landeswährung orientierte Währungseinheit auch durch Zeit ersetzt und ab 1986 mit dem TimeBank-System von Edgar S. Cahn vermischt (▷ Zeittausch). Es entstand ein neuer Typ LETS, der sich in vielen Ländern stark verbreitet hat, zum Beispiel in Frankreich als *Systèmes d'Echanges Locaux (SEL).*

Grundsätze Die anfänglichen Grundannahmen von LETS waren:

1. Es ist ein System für eine Gemeinschaft.
2. Es ist persönlich und individuell.
3. Es ist praktisch und einfach.

Das ursprüngliche LET-System basierte auf fünf Kriterien:

1. Es ist ein Non-Profit-System.
2. Jeder beginnt sein Konto mit einem Null-Saldo.
3. Innerhalb des Teilnehmerkreises werden die Kontostände und Umsatzvolumen offengelegt.

4. Die lokale Verrechnungseinheit ist wertmäßig an die Landeswährung gekoppelt (aber nicht eintauschbar).
5. Es gibt keine Kosten oder Einnahmen aus Zinsen.

Zusätzlich sind heute weitere Kriterien üblich wie zum Beispiel, dass die Kontostände mit einem negativen Zins als Umlaufsicherungsgebühr belastet werden. Einzelne Kriterien werden auch gezielt außer Kraft gesetzt, wie die Koppelung 1 : 1 an die Landeswährung, damit auch andere Wertesysteme eine Chance haben und Preise nicht nur vom bestehenden Gelddenken übernommen werden.

Beispiele, Praxis Es gibt weltweit eine sehr große Zahl von Systemen, die zumeist eine relativ bescheidene Größe erreicht haben. Üblich sind 100 bis 200 Mitglieder. Häufig werden auch Tauschkreise oder Zeitbanken ungenau als LETS eingeordnet. Bestehende LET-Systeme sind zum Beispiel:

- Talent Schweiz in der ganzen Schweiz, seit 1992 (www.talent.ch);
- Talent-Tauschring Freiburg im Breisgau in Südwestdeutschland (talent-tauschring.de);
- das in Südafrika basierte, größte und weltweit operierende Community Exchange System (CES) mit 844 angeschlossenen Einzelsystemen (2015) (www.community-exchange.org).

Beurteilung, Kritik Der große Vorteil von LETS ist, dass es eine eigenständige und gemeinschaftsbasierte Währung ist, die durch Erwerb einer Mitgliedschaft sofort genutzt werden kann. Weiterer Vorteil ist die große Systemstabilität und das klar definierte Risiko durch die Kontolimiten.

Es braucht aber ein Mindestmaß an Beteiligung einer möglichst hohen Zahl der Mitglieder, sonst leidet seine Attraktivität massiv. Ein LET-System zu starten, ist heute sehr einfach, da entsprechende Software-Instrumente im Internet frei verfügbar sind.

Literatur und Links

communities.cyclos.org: Eigenes LETS kreieren mit Cyclos

www.community-exchange.org: Eigene Gruppe unter Community Exchange System (CES) eröffnen

MLC (Monnaie Locale Complémentaire)

Begriff ___ Monnaie Locale Complémentaire oder neuerdings auch Monnaie Locale Complémentaire Citoyenne (MLCC) wird der in Frankreich entstandene Typ von Regionalwährungen genannt. Verschiedene Varianten dieses Währungstyps werden in steigender Zahl in einzelnen Städten oder Gebieten in Frankreich und in den französischsprachigen Gebieten der Schweiz und Belgiens als komplementäres Zahlungsmittel eingeführt.

Idee, Konzept ___ In Frankreich entstanden ab 1994 sehr viele LETS-ähnliche Währungen, die SEL (Système d'échange local) genannt werden und meist die Zeit als Einheit verwenden. Viele Systeme existieren bis heute. Ab 2005 wurden die meist Euro-gedeckten MLC eingeführt. Seither entstehen auch neue Typen mit Beteiligung von Städten und Kommunen oder mit eigener Kreditschöpfung.

Siehe auch ▷ Regiogeld und ▷ Transition Currencies.

Grundsätze ___ Im französischen Sprachraum werden ökologisch-soziale Grundsätze und eine zivilgesellschaftliche Vision bei alternativen Währungen meist stark betont. Die andere Wertehaltung wird hervorgehoben wie zum Beispiel im Manifest des MLC-Verbandes (monnaie-locale-complementaire-citoyenne.net/adhesion-mlcc, Zugriff 6.6.2017):

- Wiederaneignung von Geld durch den Bürger als Wirtschafts-Werkzeug und pädagogisches Mittel, um seine wahre Natur und die Bedeutung seiner Verwendung zu verstehen.
- Geld als Symbol für Reichtum auch mit ethischen, ökologischen, sozialen und kulturellen Feldern verbinden.
- Geld als Tauschmittel, das uns auch für die gegenseitige Hilfe, Zusammenarbeit und Solidarität aufruft.

Beurteilung, Kritik ___ In Frankreich werden durch die gesetzlich geschaffenen Grundlagen (Gesetz zu sozialer und solidarischer Wirtschaft, ESS, Art.16) Lokalwährungen (MLC) und Tauschsysteme (SEL) anerkannt und können gefördert werden. Die Systeme haben dadurch einen höheren Grad an Beachtung und Legitimität und eine gute Ausgangslage für erfolgreiches Bestehen.

Beispiele

Frankreich

- La Gonnette in Lyon. www.lagonette.org
- SoNantes in der Stadt und Region Nantes. Getragen von der Nutzervereinigung L'association la SoNantaise und der Bürgerbank Le Crédit Municipal de Nantes. Wird von der Stadtverwaltung gefördert. sonantes.fr
- Eusko im französichen Baskenland. www.euskalmoneta.org

Schweiz

- Le Farinet, im Schweizer Kanton Wallis ab Mai 2017 eingeführt. www.lefarinet.ch
- Le Léman in Genf und Umgebung, sowohl mit Schweizerfranken als auch mit Euro gedeckt und mit einer parallelen Blockchain-basierten elektronischen Version. monnaie-leman.org

Belgien

- Le Valeureux, seit 2011 in Liège. valeureux.be
- Le Talent, eine kleinere Währung in Louvain-la-Neuve. www.letalent.be

Die Vorderseite des 13-Farinet-Scheines zeigt eine Walliser Ehringer-Kuh

Literatur und Links

monnaie-locale-complementaire-citoyenne.net: MLC-Verband Frankreich

Servet, Jean-Michel (2012): Les monnaies du lien.

www.sol-reseau.org: Netzwerk SOL, Bürgerbewegung zur zivilgesellschaftlichen Aneignung von Geld

NetzBon

NetzBon, ehemals Bon-Netz-Bon BNB, Basel	
Verbreitung	Stadt und Region Basel, Schweiz
Zweck	Mit dem NetzBon (NB) werden sozial und ökologisch denkende und wirtschaftende Menschen, Vereinigungen, Geschäfte und Betriebe in Basel und Umgebung unterstützt und gefördert, um auch ein nachhaltiges Dasein herbeizuführen.
Träger/ Organisationsform	Genossenschaft Netz Soziale Ökonomie und Förderverein Soziale Ökonomie, Basel.
Vertrauensgrundlage (Deckung)	■ Frankengedecktes Gutscheinsystem: 1 NB = 1 CHF ■ Franken sind teilweise als Rücklage hinterlegt, zum anderen Teil werden damit Kredite für Nachhaltigkeitsprojekte vergeben.
Ausgabe/Rückzug	■ Kauf gegen einen gleichen Betrag in Schweizer Franken. Mitglieder erhalten einen Vorzugskurs (110 NB für 100 CHF). ■ Ablauf der Scheine nach 3 Jahren, mit Umtauschmöglichkeit ■ Rücktauschgebühr 5 % plus Verwaltungsgebühr 20 CHF pro Rücktausch
Verbreitung und Teilnehmende	■ Aktuell sind 140 Betriebe angeschlossen, die NB als Zahlung annehmen. ■ Nutzerzahlen sind nicht direkt bekannt, da es ein offenes System mit Papiergeld ist.
Umsatz	Ende 2016 waren etwa 45 000 BNB im Umlauf. Der effektive Umsatz kann nur schwer geschätzt werden, da die Weitergabe der Scheine nicht dokumentiert wird.

Organisation & Geschichte ——— Die Genossenschaft «Netz Soziale Ökonomie», wurde 1998 in Basel gegründet und ist entstanden als Kollektiv zur Bekämpfung von Arbeitslosigkeit und Förderung von selbstverwalteten Betrieben in Basel. Auf der Website wird ihre Aufgabe wie folgt beschrieben: «Die Genossenschaft *Netz Soziale Ökonomie* bildet den operativen Kern der Sozialen Ökonomie. Sie besteht aus einem Verbund von lokalen Betrieben und Organisationen aus Wirtschaft, Kultur und anderen Bereichen, die sich gegenseitig unterstützen.» (sozialeoekonomie.org, 15.8.2017)

Als zweite operative Einheit besteht ein Verein Soziale Ökonomie, der als Förder- und Promotionsmotor wirken soll und Strukturen und Instrumente zur Förderung der sozialen Ökonomie in der Region Basel aufbaut. Er ist besonders aktiv in einem Torismus- und Bildungsprojekt, bei Urban-Agriculture und federführend beim Alternativgeldprojekt.

Der Bon-Netz-Bon BNB wurde als «Parallel- und Alternativwährung» im Jahr 2002 erstmals in einer Pilotphase unter den teilnehmenden Betrieben herausgegeben. Ab Januar 2005 wurde der BNB um die Deckung in Schweizer Franken erweitert und dazu auch einer breiteren Öffentlichkeit zugänglich gemacht.

Zum 10-jährigen Jubiläum wurde der Bon-Netz-Bon in *NetzBon* umbenannt und eine neue Website lanciert.

NetzBon-Schein Ausgabe 2015–18 (Vorderseite)

Funktion und Details ______ Der NetzBon wird in Scheinen mit 3-jähriger fixer Laufzeit zu 1.00, 5.00, 10.00 und 20.00 Einheiten herausgegeben. Er kann bei sechs Ausgabestellen in Basel gegen Schweizer Franken gekauft werden oder wird nach Bezahlung im Webshop per Post zugesendet. Ein Rücktausch der Scheine gegen Schweizer Franken ist für alle, nicht nur für die Gewerbebetriebe (gegen Gebühren) möglich. Die Scheine behalten innerhalb der Laufzeit den vollen Wert (keine Umlaufgebühr).

Der NetzBon konnte im Rahmen einer nachbarschaftlichen Kooperation auch gegen französische SOL der Association SOL Alsace, Mulhouse, im nahen Elsass und gegen Dreyecker aus dem Markgräflerland getauscht werden und umgekehrt. Diese beiden Systeme wurden etwa 2010 leider eingestellt.

Mit der unter neuem Konzept wiedereröffneten Alten Markthalle in Basel konnte ein Multi-Shop-Warenhaus mit bis zu 30 Geschäften dazugewonnen werden. Ebenfalls macht die renommierte Kulturinstitution Theater Basel mit. Dies erweitert das Spektrum der Einkaufsmöglichkeiten stark.

Zusätzlich zur konvertiblen Gutscheinwährung wurde vor einiger Zeit das Projekt einer BNB-Hours-Währung gestartet. Eine klassische Zeittauschwährung, die aber in Form von Scheinen zirkulieren sollte. Damit wollte man eine Möglichkeit schaffen, via Zeitwährung auch Personen ohne Geld einen erleichterten Einstieg in das soziale Austauschsystem der Genossenschaft zu ermöglichen. Dieses Vorhaben wurde nicht gestartet, stattdessen soll 2017 ein Tauschkreis mit dem Namen Troc umgesetzt werden. Er wird anfänglich 15 bis 20 Mitglieder haben, die beim Eintritt 40 NB erhalten. Ein Stunde Dienstleistung, so die Empfehlung, wird mit 20 NB gleichgesetzt.

Schein der nicht verwirklichten Schwesterwährung BNB-Hours

Beurteilung Der NetzBon bietet eine sozial-ökonomische Förderidee, eine interessante Mischung aus selbstverwalteten Betrieben und immer mehr auch mit trendigen neuen Anbietern. Die Verbreitung der Währung hat sich jedes Jahr in kleinen Schritten organisch weiterentwickelt. Dabei konnten die ideellen Grundlagen einer solidarischen Wirtschaft mitgenommen und ausgebaut werden. Als eine der wenigen Regionalwährungen, die sich bisher ohne Beteiligung einer Kommune in städtischem Gebiet behaupten konnte, hat sie sich ein solides Fundament erarbeitet und verdiente eine stärkere Beachtung.

Literatur und Links

Burgy, Géraldine (2009): Plus qu'une Monnaie Alternative – Le BonNetzBon de la Coopérative réseau d'économie sociale à Bâle.

Wallimann, Isidor (2014): Social and solidarity economy for sustainable development: its premises – and the Social Economy Basel example of practice.

www.netzbon.ch

www.sozialeoekonomie.org

Parallelwährungen

Begriff ___ Parallelwährung ist ein alter Begriff, geprägt von Hermann Grote, der zum Beispiel das gleichzeitige Bestehen von Gold- und Silberwährung ohne fixen Wechselkurs bezeichnete (vgl. Hamm 1927, S. 4ff.). Die Bedeutung wurde dann vom Wirtschaftswissenschaftler Friedrich August von Hayek als Teil eines Reformvorschlages für das internationale Währungssystem übernommen (▷ Private Konkurrenzwährungen).

Heute wird der Begriff generell für zusätzliche, neben der nationalen Währung geduldete oder gar offiziell anerkannte weitere Währungen gebraucht (Beispiel Bulgarien: quasi gleichzeitige Verwendung von Lei und Euro). Beim Begriff Parallelwährung wird im Gegensatz zum Begriff Komplementärwährung (Ergänzung) von einem Konkurrenzprinzip der Währungen ausgegangen, so dass normalerweise nur sehr große Systeme in diese Kategorie fallen.

Idee, Konzept ___ Parallelwährung kontrastiert den Begriff der Einheitswährung, der heute einen wichtigen Teil der Gelddebatte prägt, ohne dass er deswegen häufig genannt wird. Die Vorstellung, mit einer einzigen Währung – «dem Geld» – alles machen zu können, findet sowohl Anklang bei Konsumenten, die Bequemlichkeit und Einfachheit bevorzugen, als auch bei machtbewussten Politikern und Konzernleitern. Die Idee, dass Nationalstaaten auch eine eigene Nationalwährungen haben müssen, resultiert aus der nationalistisch geprägten Wirtschaftsvorstellung des 19. Jahrhunderts. Dies bildete sich auch in den Begriffen der *Volks*wirtschaftslehre und der *National*ökonomie ab. Durch die Definition einer einzigen Währung als gesetzlichem Zahlungsmittel wird ein abgegrenzter, durch einfache Regelungen lenkbarer Wirtschaftsraum (Markt) gebildet. Dieses Konzept wird durch Parallelwährungen in Frage gestellt. Deshalb sind sie meist unerwünscht und werden bekämpft. Große Einheits- oder Monopolwährungen werden jedoch unflexibel und schwer steuerbar und so treten Parallelwährungen vielfach auch als Korrekturfaktoren auf. Bei zwei Währungen können die Nutzenden wählen, und es können wirtschaftliche Ausgleichsvorgänge stattfinden. Beispielsweise kann der Wert einer Währung gegenüber der anderen sich verschieben und so die Wirtschaftsverhältnisse wieder ins Lot bringen.

Die Parallelwährungsidee hat ab 2010 bei Vorschlägen zur Bewältigung der Schuldenkrise in Griechenland besondere Aktualität gewonnen. Von verschiedenster Seite wurde vorgeschlagen, die Drachme oder eine Neue Drachme respektive einen *N*euro parallel zum Euro als Binnenwährung einzuführen. Damit sollte die Liquidität geschaffen werden, die durch den Abfluss des Euro entzogen wurde und ohne die die Bevölkerung trotz Leistungsbereitschaft und vorhandener Infrastruktur nicht aus der Not herauskommen kann. Gelleri (2015) schlägt zum Beispiel ein am Modell des Chiemgauer orientiertes *Expressgeld* vor, das durch den griechischen Staat als elektronische Währung parallel zum Euro herausgegeben werden könnte. Schuster zählt in der Studie Parallelwährung des Bundesverbandes mittelständischer Wirtschaft (2012, S. 6) rund dreißig neue Vorschläge für Parallelwährungen in der Eurozone, teilweise von namhaften Ökonomen.

Die bewusste Einführung von Parallelwährungen als Korrekturmaßnahme widerspricht jedoch der herrschenden Lehrmeinung. Es ist schwierig nachzuweisen, dass sie auch funktionieren würden und so wurden die Vorschläge allesamt abgelehnt und schubladisiert.

Beurteilung, Kritik Das Konzept der Parallelwährung wird generell eher als Bedrohung für stabile nationale Währungen gesehen, hat jedoch im Hinblick auf die Bekämpfung der Eurokrise und Wiederherstellung einer akzeptablen Lebensqualität für alle Menschen in den betroffenen südeuropäischen Ländern eine neue Relevanz gewonnen. Die bestehenden Vorschläge werden jedoch mehrheitlich ignoriert. Die Idee von Parallelwährungen hätte es verdient, ernsthaft untersucht und als Lösungsansatz geprüft zu werden.

Literatur und Links

Bundesverband mittelständische Wirtschaft – BVMW (2012): Die Parallelwährung: Optionen, Chancen, Risiken.

monneta.org/parallelwaehrungen: Weitere Informationen und Literaturangaben

Peer-to-Peer-Prinzip (P2P)

Begriff Peer-to-Peer (P2P) bedeutet eigentlich eine Kommunikation unter Gleichen und bezeichnet in der Informatik ein Netzwerk von gleichberechtigten Netzknoten (Rechnern), die verlässliche Informationen ohne zentrale Instanz verwalten und austauschen können.

Idee, Konzept In der Praxis gibt es eine große Zahl unterschiedlicher P2P-Konzepte, das Gebiet ist noch sehr unübersichtlich und stark in Entwicklung. Ein Schwerpunkt der Arbeit liegt in der Standardisierung der Verfahren, um einen Durchbruch für eine einfache Nutzung zu erzielen. Das Peer-to-Peer-Prinzip kann ebenfalls auf gesellschaftliche Strukturen und im speziellen auf die Architektur von Währungen angewendet werden. Hier bedeutet es, dass es keine zentrale Instanz gibt, die zum Beispiel die Kontoführung für alle übernimmt und den Kontostand überwacht. Stattdessen sollen dezentrale Verfahren garantieren, dass beispielsweise Zahlungen korrekt verbucht werden und das dazu verwendete Geld auch tatsächlich existiert.

Die Definition von P2P von der weltweit operierenden P2P-Stiftung lautet sinngemäß: P2P ist eine spezifische Form einer dynamischen Beziehung, geht von einer umfassenden Gleichberechtigung der Teilnehmer aus, wird organisiert durch die freie Kooperation unter Gleichen und hat als Ziel die Schaffung eines gemeinsamen Nutzens. Dabei werden Formen der unabhängigen Entscheidungsfindung verwendet, die über ein gesamtes Netzwerk verteilt sind. (Vgl. www.p2pfoundation.net)

Das P2P-Prinzip diente in den letzten Jahren auch einigen Theorien einer neuen Gesellschaftsordnung als Grundlage (siehe z.B. Bauwens 2009).

Beispiele, Praxis Die Umsetzung von P2P-Prinzipien bei alternativen Währungen ist bei vielen Aktivisten ein wichtiges Thema, weil sie sich davon die größtmögliche Unabhängigkeit der Akteure erhoffen. Die effektive Praxis des Konzepts ist aber vielerorts noch im Versuchsstadium.

- Kryptowährungen wie Bitcoin oder Netzwerke wie Ripple erfüllen einen Teil der P2P-Kriterien.
- Das OpenMoney.org-Projekt entwickelt eine eigene Philosophie sowie Software und Infrastruktur, um P2P-basierte lokale Währungen zu ermöglichen.
- Eine ganz praktische Umsetzung des Prinzips ohne Software und Internet ist der *Minuto,* eine Währung, die in Deutschland entwickelt wurde (▷ Selbstgarantierte Wechsel).
- Auch Bargeld ist bezüglich seiner Verwendung (nicht Herausgabe) eigentlich ein reines P2P-System.

Beurteilung, Kritik ____ P2P ist ein sehr weitreichendes Konzept, eigentlich ein Vorschlag für einen gesellschaftlichen Paradigmenwechsel, der aber noch nicht klar abgrenzbar ist. Dabei werden individuelle Eigenschaften, die Gleichberechtigung der Akteure und das Fehlen von hierarchischen Strukturen besonders betont. Außerdem können die Möglichkeiten und Vorteile von Allmenden (Gemeinbesitz) gut einbezogen werden. Das sind Ansätze, die sehr hoffnungsvoll erscheinen. Die größten Fragen stellen sich bei den Wirkungen und Rückwirkungen der Einzelentscheidungen auf das Gesamtsystem, was durch wissenschaftliche Forschung weiter untersucht werden muss.

Über den Erfolg der ersten Geldsysteme, die nach dem P2P-Prinzip aufgebaut sind, kann noch wenig ausgesagt werden.

Literatur und Links

Bauwens, Michel (2009): Class and Capital in Peer Production.

p2pfoundation.net. P2P-Stiftung

www.openmoney.org: OpenMoney-Projekt

www.permanentculturenow.com/43-essential-essays-on-the-commons-and-peer-2-peer-theory: 43 grundlegende Essays zur P2P-Theorie

Private Konkurrenzwährungen

Begriff Private Banken dürfen eigene Währungen schaffen, die dann vor dem Publikum in Konkurrenz zueinander treten. Die Geldnutzenden wählen das «beste» Geld auf dem Markt für ihre Zwecke aus und dieses setzt sich durch.

Idee, Konzept Das Konzept in dieser Form geht auf Friedrich von Hayek zurück, der die «Ausgabe privaten Zeichengeldes» in seinem Werk «Die Entnationalisierung des Geldes – eine Analyse der Theorie und Praxis konkurrierender Umlaufsmittel» (1977) ausführlich darstellt. Dabei geht er davon aus, dass die staatliche Monopolwährung durch die Machtkonzentration – und damit Manipulation und Unfähigkeit zur effektiven Regulierung der Geldmenge – per se abgeschafft werden sollte. Stattdessen sollte die Ausgestaltung des Geldwesens vollständig marktwirtschaftlich auf den Prinzipien von Konkurrenz und Elimination basieren. Hayek erwartete durch die konsequent marktwirtschaftliche Organisation stabilere Währungen als durch die staatlichen Geldmonopole.

F.A. von Hayek, lachend

Grundsätze Kernpunkte des Hayek'schen Vorschlages sind:

- Den Zentralbanken soll das Monopol der Banknotenemission entzogen werden.
- Alle Vorschriften, die die freie Wahl der Währung einschränken, wie Bestimmungen über gesetzliche Zahlungsmittel, Bilanzierungsvorschriften etc. sollten aufgehoben werden. Privaten, gewinnorientierten Unternehmen (Emissionsbanken) soll die Ausgabe jeweils einer eigenen Währung mit frei gestaltbarer Währungsbasis gestattet werden. Diese sollen in Konkurrenz untereinander auf dem Markt angeboten werden.

Beurteilung, Kritik Der Vorschlag wird immer wieder kontrovers diskutiert. Hayek hatte erkannt, dass ein Währungsmonopol ein Problem darstellt, und sein Vorschlag, einen freien «Währungsmarkt» einzurichten, entspricht ebenfalls der Stoßrichtung von alternativen Währungen. Nicht berücksichtigt wurde, dass Währungen einen Rechtsrahmen benötigen und überhaupt der Rechtsaspekt von Währungen. Er geht weiter von einem Warencharakter des Geldes aus und möchte das private Geld auch am ehesten mit Rohstoffen gedeckt sehen. Die Vorstellungen von den neuen, privaten Währungen bleiben sehr nahe am staatlichen Geld und betreffen nur das Notenmonopol, da Hayek alleine den «Tauschmittelzweck» der Währung im Auge hat. Das Giralgeld spielte damals eine untergeordnete Rolle und wurde von ihm nicht berücksichtigt.

Auch in der Zeit ab 1661 (Bank von Stockholm), als über 200 Jahre lang private Notenbanken die Regel waren, herrschten keine stabilen Verhältnisse. Immer wieder kamen Bankenpleiten vor, die ausgegebene Noten wertlos machten. Erst nach dem Peel'schen «banking act» in England 1844 wurde das Monopol der Zentralbanken, wie wir es heute kennen, begründet.

In der Schweiz gab es lange Erfahrungen mit dem Währungswettbewerb im 19. Jahrhundert. Baltensperger (2012, S. 111) unterscheidet drei Phasen:

- 1820–1850: Echte Währungskonkurrenz mit freier Wahl der Währungsdenomination (vergleichbar Hayek),
- 1850–1881: Phase der Bankenfreiheit bei gemeinsamer Währung,
- 1881–1905: Eingeschränkte Bankenfreiheit, aber noch ohne staatliches Notenmonopol.

Literatur und Links

Bagus, Philipp/Schwarz, Gerhard (Hrsg.) (2014): Die Entstaatlichung des Geldes.

Baltensperger, Ernst (2012): Der Schweizer Franken – Eine Erfolgsgeschichte.

Hayek, Friedrich A. (1976): Choice in Currency – A Way to Stop Inflation.

Hayek, Friedrich A. (1977): Die Entnationalisierung des Geldes – eine Analyse der Theorie und Praxis konkurrierender Umlaufsmittel.

www.hayekcenter.org: Website Hayek-Center

Quartierwährung

Begriff Quartierwährung nennt sich eine Komplementärwährung für Genossenschaften, insbesondere größere Wohngenossenschaften oder Siedlungen in städtischem Umfeld. Das Modell geht im Gegensatz zu den meisten anderen alternativen Währungen vom Kollektiv und nicht vom Individuum aus.

Idee, Konzept Eine Quartierwährung ist ein Instrument zur Schaffung eines lokalen Wirtschaftsraumes als Brücke oder Puffer zwischen dem Weltwirtschaftsraum mit Geld (Erwerbsarbeit, links im Bild) und Gemeinschaftsraum ohne Geld (Freiwilligenarbeit, rechts im Bild). Diese beiden, heute entgegengesetzten und getrennten Möglichkeiten der Zusammenarbeit werden durch eine dritte Möglichkeit, den Lokalwirtschaftsraum mit Quartierwährung, ergänzt. Ausgangspunkt ist die Selbsthilfe und Beteiligung der Mitglieder in genossenschaftlichen Strukturen.

Mittels einer Quartierwährung können lokale Wirtschaftskreisläufe gestärkt, die Nachhaltigkeit erhöht und Solidarität, Selbstbestimmung und nachbarschaftliche Verbindungen gefördert werden. Eine Quartierwährung wird durch eine große Genossenschaft oder durch eine Instanz mit öffentlichem Charakter herausgegeben (z.B. Gemeinde, Quartierverwaltung, Stadt) und enthält sowohl freiwillige als auch – dies als Besonderheit – allgemeinverpflichtende Elemente der Mitarbeit in der Gemeinschaft. Die Währung ist nicht konvertibel zur Landeswährung, sondern ist durch die Eigentumswerte und die Leistungsversprechen der Gemeinschaft gedeckt.

Ausgangsmodell Wirtschaftsräume für eine Quartierwährung

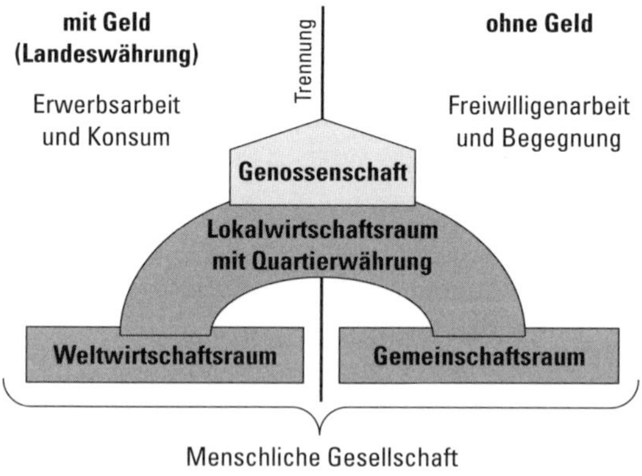

Aufbau, Komponenten ___ Die Geldschöpfung erfolgt bei einer Quartierwährung zentral durch die Gemeinschaft in Form von Entgelten für gemeinschaftliche Leistungen. Das sind Aufgaben, welche für das ganze Quartier wichtig sind und durch demokratischen Beschluss bestimmt werden. Beispiele sind Renovationsarbeiten, Gartenarbeiten, Führungen mit Besuchern, Mithilfe in Administration, Mitarbeit in Kulturgruppen, Kinderbetreuung etc. Diese Arbeiten werden auf einem quartiereigenen Jobmarkt unter den Mitgliedern ausgeschrieben. Wer Zeit und die erforderlichen Fähigkeiten mitbringt, arbeitet mit und erhält dafür Quartierwährung als Entschädigung. Zusätzlich können eigene Angebote auf dem Markt ausgeschrieben werden und auch so Quartierwährung verdient werden. In beteiligten Geschäften kann anteilig mit Quartierwährung bezahlt werden.

Nach bestimmten Zeitabschnitten wird ein Teil der Währung in Form von Bewohnertaxen oder Mietanteilen wieder zurückgeführt an die Genossenschaft. Damit entsteht ein konstanter und steuerbarer Kreislauf der Währung, der auch das Potenzial hat, einen Teil der Umsätze in Landeswährung zu ersetzen.

Umsetzung ___ Das Quartierwährungsmodell wurde im Jahre 2013 für eine Baugenossenschaft in Zürich entwickelt, ist aber in der beschriebenen Form noch nicht umgesetzt worden. Durch die sinnvolle Verknüpfung gemeinschaftlicher Aufgaben und Ressourcen könnte es auch für die Bewirtschaftung anderer Allmenden oder Commons eingesetzt werden. Es existiert ein Planspiel *Flexonomix Quartier-Geld-Simulation*, mit dem das Konzept und die Abläufe mit Bewohnenden spielerisch nachvollzogen werden können.

Literatur und Links

Martignoni, Jens (2015b): Quartierwährung – Ein Modell zur Ressourcenmobilisierung für Bau- und Wohngenossenschaften.

Martignoni, Jens/Gröbly, Thomas/Weber, Julia/Klöti, Martin (2013): Quartierwährung – Vorschlag einer eigenen Komplementärwährung für die Baugenossenschaft mehr als wohnen auf dem Hunziker Areal.

www.flexonomix.games: Geld-Lern-Spiele

Begriff Regiogeld, auch Regionalgeld oder Regionalwährung, ist im deutschsprachigen Raum ein komplementäres Zahlungsmittel – häufig als Gutscheinsystem ausgestaltet – das in einer Region zur Stärkung der Wirtschaftsstrukturen und der lokalen Kultur eingeführt wird.

Idee, Konzept Die Idee des Regiogeldes stammt aus Deutschland, baut auf den historischen Grundlagen von Freigeld, Wära-Experiment und «Wunder von Wörgl» auf, bezieht aber auch internationale Erfahrungen ein. Der entscheidende Impuls zur Schaffung eines ersten, erweiterten Gutscheinsystems kam von Vertretern der Freiwirtschaftslehre. Eine Gruppe um Dietlind Rinke und Manfred Steinbach startete im September 2001 in Bremen die Roland-Regionalwährung (vgl. Gelleri 2008, S.158). Der Roland war 1:1 zum Euro ausgelegt, funktionierte nach einem Schecksystem mit Umlaufsicherung und setzte eine Mitgliedschaft im Trägerverein voraus. Die Initiative wurde im Juni 2002 durch einen Vortrag von Margrit Kennedy am Symposium der INWO Deutschland angestoßen. Kurz darauf entwarf eine Gruppe Schülerinnen an der Waldorfschule in Prien am Chiemsee unter Leitung ihres damaligen Lehrers Christian Gelleri den ▷ Chiemgauer und setzte das Konzept in die Praxis um (Kennedy/ Lietaer 2004, S.104ff.). Der Chiemgauer war konzipiert als eurogedecktes Schwundgeld, verwendete aber Scheine, die regelmäßig mit Gebührenmarken (genannt Umlaufimpuls) beklebt werden mussten und verknüpfte diese Entwertung elegant mit einer eingebauten Kulturförderung regionaler Vereine. Später gegründete Initiativen wichen von diesen Punkten auch wieder ab oder verzichteten darauf. Ein weiterer Entwicklungsschritt war die sogenannte «Leistungsdeckung», indem statt der mit Euro gedeckten Gutscheine eine unabhängige Währung geschaffen wurde, die nur durch die Leistung der beteiligten Betriebe gedeckt waren. Diese Variante konnte sich außer an wenigen Orten im Osten Deutschlands und in München noch nirgends durchsetzen.

Ähnliche Systeme in Frankreich ▷ MLC (Monnaie Locale Complémentaire) und in England ▷ Transition Currencies.

Grundsätze Schon bald nach Erscheinen der ersten Regiogelder wurde der Verband Regiogeld e.V. gegründet, der die Neugründung und Weiterentwicklung des Konzepts im deutschsprachigen Raum vorantreiben sollte. Der Verband entwickelte einen Acht-Punkte-Wertestandard, der von allen Mitgliedern eingehalten werden sollte:

1. Einen Gewinn für die Gemeinschaft anstreben.
2. Kreisläufe bilden (Erhöhung der regionalen Wertschöpfung).
3. Ein nachhaltiges Finanzsystem fördern.
4. Transparent für die Nutzenden sein.
5. Demokratisch organisiert sein.
6. Professionell umsetzen.
7. Eigenständig finanziert und gemeinwohlorientiert sein.
8. Kooperative Zusammenarbeit unter den Mitgliedern anstreben.

Um den Verband ist es, nach anfänglichem Höhenflug, wieder still geworden.

Beispiele

- Ein stabiles System auf Basis der Leistungsdeckung ist der Lausitzer, in der Gegend von Görlitz, der im September 2011 gestartet wurde (www.lausitzer.net).
- Im Vorarlberg, Österreich, existiert seit 1996 das erfolgreiche Talente-System, das sowohl Regiogelder als auch Tauschkreise und Zeitvorsorge integriert (www.talente.cc).
- Der Waldviertler war eine seit 2005 erfolgreiche Regionalwährung in Österreich, wurde aber im März 2017 überraschend eingestellt (www. waldviertler-regional.at).
- Das erfolgreichste und größte System ist der ▷ Chiemgauer.

Beurteilung, Kritik Nach dem Start des Chiemgauers entwickelte sich in der Zeit von 2003 bis 2011 ein echter Boom mit Regionalwährungen in Deutschland. Viele der mit großem Enthusiasmus gegründeten Systeme kamen aber nicht wirklich auf die Beine oder wurden nach wenigen Jahren wieder eingestellt. In seiner umfassenden Studie kommt Leinert (2016) zum Schluss, dass bis zu 65 % aller gestarteten Initiativen wieder aufgegeben wurden.

Literatur und Links

Kennedy, Margrit/Lietaer, Bernard A. (2004): Regionalwährungen – Neue Wege zu nachhaltigem Wohlstand.

Leinert, Sebastian (2016): Regionale Komplementärwährungen in Deutschland – Stand und Entwicklungsmöglichkeiten.

martinmatzat.com/regionalgelder-deutschland-oesterreich-schweiz/: Liste mit vielen aktuellen Regionalwährungen aus D, A und CH

www.regiogeld.de: Regiogeld-Verband

Reka-Geld	
Verbreitung	Schweiz
Zweck	Die Reisekasse (Reka) fördert als Organisation des Sozialtourismus Ferien und Reisen sowie die Freizeitgestaltung in der Schweiz. Sie trägt den Bedürfnissen der Bevölkerung mit beschränkten finanziellen Mitteln besonders Rechnung. Die Reka betreibt in diesem Rahmen als Kerngeschäft die Herausgabe von Zahlungsmitteln und die Bereitstellung von Ferienangeboten.
Träger/ Organisationsform	Schweizer Reisekasse Genossenschaft mit Sitz in Bern
Vertrauensgrundlage (Deckung)	▪ Frankengedecktes Gutscheinsystem: 1 Reka-Franken = 1 Franken ▪ Verkauf der Gutscheine gegen Schweizer Franken mit Verbilligung bis zu 20 %. ▪ Entsprechende Frankenbeträge sind in Wertpapieren und Liegenschaften angelegt.
Ausgabe/Rückzug	▪ Kauf durch Arbeitgeber, Arbeitnehmerverbände, Coop und weitere. Weiterverkauf mit Verbilligung an Nutzende/Konsumenten.
Verbreitung und Teilnehmende	▪ Über 9000 Annahmestellen im Bereich Freizeit und Ferien sowie Tankstellen, die Reka-Geld als Zahlung annehmen. ▪ Nutzerzahlen sind nicht direkt bekannt, da es ein offenes System ist.
Umsatz	▪ 2014 wurde insgesamt für 678,9 Mio. CHF Reka-Geld verkauft, Tendenz weiter steigend.

Organisation & Geschichte Die Reisekasse Schweiz oder kurz Reka wurde vor Ausbruch des Zweiten Weltkriegs im Juni 1939 gegründet, in einem Umfeld, das geprägt war von der Wirtschaftskrise, von Massenarbeitslosigkeit, von Klassenkampf und sozialer Unrast. In der akuten Kriegsgefahr und im Geiste der damaligen Landesausstellung, die eine eigenständige Identität der Schweiz betonte, rückten in der Schweiz die Menschen näher zusammen. Verantwortungsbewusste Politiker, Wirtschafts- und Gewerkschaftsführer begannen, die Kooperation an Stelle der Konfrontation zu setzen. Es entstanden das Friedensabkommen der schweizerischen Maschinen- und Metallindustrie und weitere Gesamtarbeitsverträge in anderen Wirtschaftsbranchen. In diesen Verträgen wurden erstmals auch bezahlte Ferien für die Arbeiterschaft aufgenommen. Um die erweiterte Möglichkeit von Ferienreisen auch den weniger bemittelten Bevölkerungskreisen zugänglich zu machen, entwickelte der Schweizerische Fremdenverkehrsverband zusammen mit dem Schweizerischen Gewerkschaftsbund die Idee einer Reisesparkasse. Durch den Kauf von Reisemarken konnten sich die weniger Bemittelten ihre Feriengeld (Urlaubsgeld) ansparen. Die Marken konnten bei Vertragspartnern der Reka, wie Verkehrsbetriebe oder Hotels, zu speziell günstigen Konditionen eingelöst werden. Zusätzlich wurden später eigene *Reka-Feriendörfer* geschaffen, die für Familien beste Konditionen boten. Heute existieren 13 Feriendörfer in der Schweiz und zusätzliche Anlagen im Ausland.

Die Reka ist dem Gemeinwohl verpflichtet, finanzierte schon früh Gratisferien für benachteiligte Kinder und verbilligt bis heute Reka-Geld und Reka-Ferien. Die Stiftung «Ferien für wirtschaftlich und sozial Benachteiligte» wurde 1989 gegründet und bietet Familien Ferienaufenthalte zu einem stark vergünstigten Preis an.

Funktion und Details Reka-Geld gibt es in vier verschiedenen Ausgaben:

- Klassische Reka-Checks in Papierform als Zahlungsmittel in Freizeit und Tourismus, sowie für Treibstoffe
- Die Reka-Card als bargeldlose Variante
- Reka Rail beschränkt auf Verkehrsbetriebe
- Reka-Lunch-Card (neu seit 2014) für Mitarbeiterverpflegung

Sortiment der Reka-Zahlungsmittel:
Reka-Check, Reka Rail, Reka-Card und Reka-Lunch-Card

Reka-Geld wird mit einer Anfangsverbilligung von durchschnittlich 1,5% an Arbeitgeber verkauft. Diese geben es mit einer zusätzlichen Verbilligung an ihre Arbeitnehmer weiter. Reka-Geld ist dabei bis zu einer Höhe von 600 Franken pro Jahr steuerbefreit. Im Schnitt wird Reka-Geld auf diesem Weg um 17% verbilligt.

Ein weiterer Weg, zu vergünstigtem Reka-Geld zu kommen, sind Kartenmitgliedschaften bei Coop oder Manor, wo Reka-Geld meist zu 3% vergünstigt bis zu einem bestimmten Maximalbeitrag bezogen werden kann.

Wenn Reka-Geld eingelöst wird, können die Geschäfte dieses gegen eine Kommission von 3% bei Reka wieder in Schweizer Franken zurücktauschen.

Reka-Geld-Kreislauf (Bild: Reka, Zahlen und Fakten)

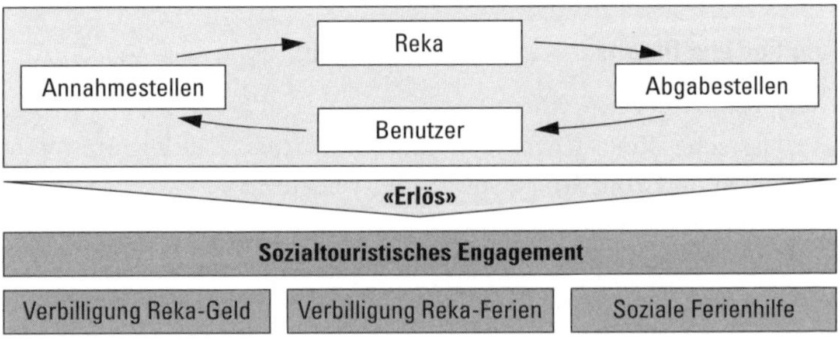

Beurteilung Reka-Geld ist eine sektorielle Währung für Reisen und Ferien. Es wird gemeinhin aber nicht als alternative Währung angesehen, obwohl es alle Merkmale dazu vollständig erfüllt. Wenn die Annahmestellen statt einem sofortigen Rücktausch das Reka-Geld ebenfalls für ihre Zahlungen verwenden würden, könnte rasch ein vollständiger Währungskreislauf entstehen. Durch die große Verbreitung und die bereits existierende elektronische Kontoführung ist viel Potenzial für ein eigenständiges Zahlungssystem vorhanden. So wird nun mit dem Projekt «Reka-Geld 3.0» das elektronische Zahlungssystem für die Reka-Karten eigenständig umgesetzt (vgl. Geschäftsbericht Reka 2014), was sicher als zukunftsweisend beurteilt werden kann.

Literatur und Links

www.reka.ch

Sardex.net

Sardex	
Verbreitung	Sardinien, Italien
Zweck	Sardex.net schafft ein bankenunabhängiges Kreditnetzwerk für lokale Unternehmen, um wirtschaftliche Transaktionen zu erleichtern und neue wirtschaftliche Chancen in der Region Sardinien zu generieren.
Träger/ Organisationsform	■ Sardex srl ist eine private Firma «for social benefit» im Eigentum der Gründer.
Vertrauensgrundlage (Deckung)	■ Mitglieder von Sardex.net werden durch die zentrale Agentur geprüft, erhalten eine jährlich angepasste zinsfreie Kreditlimite anhand ihrer Geschäftstätigkeit und bezahlen dafür fixe Mitgliederbeiträge. Die Währung Sardex (SRD) wird durch die Wirtschaftskraft der beteiligten Unternehmen gedeckt. ■ Sardex und Euro haben die gleiche nominale Kaufkraft, können aber nicht eingewechselt werden.
Ausgabe/Rückzug	■ Sardex existiert nur als elektronisches Zahlungsmittel. ■ Die teilnehmenden Geschäfte erhalten eine individuelle Kreditlimite, bis zu der sie Sardex ausgeben können. ■ Die Summe aller Kontostände beträgt null.
Verbreitung und Teilnehmende	■ Ende 2015 waren 3000 Betriebe auf Sardinien an Sardex.net angeschlossen. Dies entspricht etwa 2 % aller Unternehmen.
Umsatz	■ Es wurde 2015 ein Umsatz von über 50 Mio. SRD erreicht. ■ Insgesamt wurden in den ersten 5 Betriebsjahren über 100 Mio. SRD umgesetzt.

Organisation & Geschichte Sardinien mit einer Bevölkerung von 1,6 Millionen Einwohnern und einer hohen Arbeitslosigkeit ist bereits seit langem eine wirtschaftliche Randzone Italiens. Das statistische Pro-Kopf-Einkommen beträgt nur etwa 17 700 Euro (2013), was 30% unter dem italienischen Durchschnitt liegt und sinkt laufend weiter. Die Finanzkrise 2008 traf die Region besonders hart. Eine Gruppe von vier jungen, engagierten Bewohnern der Stadt Serramanna entwickelten eine Vision, wie sie ihrer Region wirtschaftlich helfen könnten. Eine eigene Währung sollte die Verknappung von Krediten und den Abfluss von Euros von der Insel aufs Festland stoppen. Dabei stand das Modell des schweizerischen WIR-Systems Pate.

Sardex.net wurde Ende 2009 gegründet und begann seinen Betrieb im Januar 2010. Der Zweck der Netzwerks ist, lokale Unternehmen zu verbinden und Zahlungsinstrumente und Kredit komplementär zu den traditionellen, auf der Eurowährung beruhenden Strukturen zu bieten. Durch die Verfügbarkeit der neuen Währung entsteht ein zusätzlicher Markt, sozusagen ein zweites Standbein für die Unternehmen, die damit besser ausgelastet sind oder sogar expandieren können.

Nach einigen Jahren Betrieb hat die sehr erfolgreiche Initiative bereits weltweite Bekanntheit erlangt und steht in der zunehmenden Aufmerksamkeit der in- und ausländischen Medien. Sardex.net wurde bereits mit zahlreichen Preisen ausgezeichnet und wurde 2013/14 für den European Business Award nominiert.

Sardex.net zeigt einen Weg, um die lokale Wirtschaft neu zu denken: Gemeinsam, kollaborativ und durch die Stärke des Netzwerks verbunden, entsteht gegenseitiges Vertrauen. Innerhalb der Netzwerkunternehmen findet ein ausgeglichener Austausch statt. Die Wertschöpfung bleibt der Insel erhalten, lokale und nachhaltige Produktion wird bevorzugt.

Funktion und Details ___ Mitglieder von Sardex.net zahlen nach Firmengröße einen fixen Jahresbeitrag für die Teilnahme am System. Damit können alle Betriebskosten gedeckt werden. Der Kontostand zu Beginn ist Null. Firmenmitglieder erhalten ein Überziehungslimit und können damit sofort kaufen. Angestellte der Firmen können privat ebenfalls Mitglied sein, erhalten aber keinen Kredit, sondern können das ausgeben, was auf ihrem Konto eingegangen ist. Geplant ist, Sardex.net später für alle Konsumenten zugänglich zu machen.

Um die Kontakte zu intensivieren und den Markt zu optimieren, helfen sogenannte Broker dabei, Angebot und Nachfrage und die entsprechenden Verbindungen herzustellen.

Schild in den Geschäften, die Sardex annehmen

Weitere Verbreitung ___ Das Modell Sardex hat sich in kurzer Zeit in andere Regionen Italiens ausgebreitet. Dabei werden jeweils unabhängige Firmen gegründet, die in den Regionen eigenständige Währungen aufbauen. Die Namen und das Währungsmodell werden jedoch übernommen. So existiert in der Lombardei der *Circuitolinx,* in Piemont der *Piemex* und in den Abbruzzen der *Abrex.*

Es bestehen Absichten, diese Regionen in einem nächsten Schritt zu verbinden, um eine (begrenzte) Austauschbarkeit unter den Währungen zu erreichen.

Beurteilung ____ Sardex.net ist im Moment das wahrscheinlich erfolgreichste Beispiel einer alternativen Währung. Der Erfolg beruht auf einem hohen Engagement der Gründer, die mit intelligenten und in der sardischen Kultur verankerten Methoden das ursprüngliche WIR-Modell in die heutige Zeit transferiert haben. Das Potenzial in Sardinien ist vermutlich noch einige Zeit nicht ausgeschöpft. Ob sich das Modell in den weiteren Regionen Italiens etablieren kann und auch in anderen Ländern Fuß fassen wird, bleibt abzuwarten.

Literatur und Links

Littera, Giuseppe/Sartori, Laura/Dini, Paulo/Antoniadis, Panayotis (2017): From an idea to a scalable working model: merging economic benefits with social values in Sardex.

www.sardex.net

Schenkökonomie

Begriff ____ Schenkökonomie (auch «Kultur des Schenkens») wurde durch den französischen Ethnologen Marcel Mauss ursprünglich für das sehr verbreitete Prinzip des Schenkens in archaischen Gesellschaften geprägt. Es handelt sich dabei um einen wechselseitigen Gabentausch, bei dem soziale oder immaterielle Gegenleistungen wie Loyalität, Ansehen und Verpflichtung erwartet wurden. Dieses Prinzip wurde vielfach auf die heutige Gesellschaft übertragen und findet in Projekten wie Umsonstläden, Warentauschtagen oder Couchsurfing seinen Ausdruck. In der Schenkökonomie werden Güter und Dienstleistungen ohne direkte Gegenleistung und vor allem ohne Geld weitergegeben. Vertreterinnen der Schenkökonomie, wie Genevieve Vaughan, sehen darin einen matriarchalen Gegenentwurf zur heutigen Tauschökonomie. Schenkökonomie kann aber auch als eine Opposition zu Alternativwährungen verstanden werden, die aus dieser Sicht die Probleme des Geldes wieder mit Geld lösen wollen und deshalb keine echte Alternative darstellen können.

Voraussetzungen ____ Schenkökonomie setzt ein hohes Bewusstsein von Gemeinschaft und Verantwortung voraus. Ebenfalls entscheidend sind Transparenz und intensive Pflege von Beziehungen. Dies ist in der heutigen Gesellschaft nicht ohne weiteres möglich, dennoch sind zunehmend mehr Initiativen und Projekte zu verzeichnen, die den Ansatz der Schenkökonomie als Grundlage ausweisen. Häufig entstehen aber auch Mischformen, in denen das Schenken als höheres Ideal zum Teil umgesetzt wird, für andere Bereiche aber nach wie vor eine Bewertung und Abrechnung stattfindet.

Beispiele, Praxis ____ Es gibt verschiedene alternative Währungen, die für den Ausdruck von Anerkennung und Dank geschaffen worden sind und im weitesten Sinne deshalb geschenkt werden. Das Geld soll dabei nicht die erbrachte Leistung, sondern persönliche Wertschätzung des Gebers durch den Nehmer dokumentieren. Ein Beispiel dafür ist Gradido, ein System bei dem jeder Teilnehmer monatlich 100 Dankpunkte auf seinem Dankkonto gutgeschrieben erhält. Mit Gradidos kann jemand aber auch für Waren und Dienstleistungen bezahlen. (▷ Gradido)

Andere Konzepte wie zum Beispiel der «Hugo» der französisch reformierten Gemeinde Potsdam entstammen einem kirchlichen

Hintergrund und Fragen zur Anerkennung der Freiwilligenarbeit und wollen ebenfalls Wertschätzung ohne direkten Leistungsnachweis ermöglichen.

Auch andere Anerkennungssysteme gehen in eine ähnliche Richtung, zum Beispiel die gegenseitige Bewertung von Kaufenden und Verkaufenden mit Sternchen bei eBay oder Amazon.

Beurteilung, Kritik _____ Die Schenkökonomie wird von einigen Autoren wie Charles Eisenstein oder Genevieve Vaughan als zukünftige Form der Wirtschaft nach Überwindung des Geldes gesehen. Diese an sich utopische Vorstellung ist bedenkenswert, weil sie Geld als begrenztes Instrument sieht, das bei gewissen Aufgaben der zwischenmenschlichen Vermittlung kläglich versagt. Schenkökonomie kann gerade dort, wo Geld die Beziehungen zwischen Menschen zu belasten und zu zersetzen beginnt, den richtigen Ausgleich liefern.

Völlig offen gelassen wird hingegen die essentielle Rolle des Geldes zur Ermöglichung von Arbeitsteilung, Planung und Steuerung der wirtschaftlichen Zusammenarbeit. Welche anderen Instrumente stattdessen diese Rollen erfüllen könnten, bleibt offen. Ob also die Schenkökonomie jemals alle Währungen ersetzen kann, sei einer fernen Zukunft überlassen.

Literatur und Links

Eisenstein, Charles (2013): Ökonomie der Verbundenheit: Wie das Geld die Welt an den Abgrund führte – und sie dennoch jetzt retten kann.

gradido.net

Vaughan, Genovieve (2008): For-Giving: Schenken und vergeben – Eine feministische Kritik des Austausches.

www.reformiert-potsdam.de/FrP-Hugo%20Regionalwaehrung.htm: Hugo Potsdam

Selbstgarantierte Wechsel

Begriff Selbstgarantierte Wechsel, rechtlich auch als Inhaberpapiere (Schweiz) oder als Inhaberschuldverschreibung (Deutschland) bezeichnet, sind individuelle Verpflichtungen mit garantierter Einlösemöglichkeit beim Herausgeber. Sie sind als rechtsgültige Dokumente übertragbar und können auch für eine Wertübertragung zwischen Dritten verwendet werden.

Idee, Konzept Selbstgarantierte Wechsel werden immer wieder als Basis von alternativen Währungen vorgeschlagen. Solche Währungen funktionieren dezentral, das heißt einzelne Personen oder Firmen geben die Währung auf ihren Namen heraus und garantieren, dass sie später auch wieder bei ihnen gegen eine Leistung eingelöst werden kann. Es handelt sich dabei um eine Art Peer-to-Peer-System (▷ Peer-to-Peer-Prinzip), das durch einen gemeinsamen Rahmen (Name und Regeln der Währung, Form etc.) definiert wird. Auf den herausgegebenen Währungseinheiten erscheint der Name des Herausgebers, der den Wiedereinlösewert garantiert. Je nach Vertrauen, das einzelne Personen im Netzwerk genießen, sind zwei Scheine gleichen Nennwerts von verschiedenen Herausgebern nicht gleich viel wert.

Beispiele, Praxis Bereits bei den ▷ Energiewährungen wurde das japanische WAT-System als selbstgarantierte Wechsel mit Energiedeckung genannt.

Zwischen 1997 und 1998 gab zum Beispiel der Geldexperte Peter Koenig in Zürich übertragbare Gutscheine heraus, gedeckt mit der Gegenleistung, eines seiner Geldseminare besuchen zu können.

Minuto-Cash

Minuto-Zeitgutscheine funktionieren ohne Zentrale. Jede Teilnehmerin kann im Minuto-System die Währung aufgrund ihrer eigenen Leistungsbereitschaft frei schöpfen, braucht dazu aber die Bestätigung von zwei Bürgen. Der Name Minuto bedeutet «Minuten qualitativer Leistung». 60 Minutos haben den Wert einer Stunde. Der Umrechnungskurs zum Euro wurde mit 60 Minutos = 30 Euro angegeben. Das System wurde von Konstantin Kirsch aus Bauhaus im Jahre 2009 entwickelt und hat sich in diversen Ländern verbreitet (Deutschland, Schweiz, Australien, Paraguay).

www.minutocash.org

Selbstgarantierte Gutscheinwährung, Peter Koenig 1997

PETER KOENIG

Gutschein

*Dieser Gutschein ist quasiGeld. Er ist **übertragbar** und kann für den freien Kauf und Verkauf von Güter und Dienstleistungen wie normales Geld benutzt werden. (Er ist gültig bis zu seiner Einlösung für bis zu 20 Transaktionen. Siehe Rückseite).*

Gut für ein Platz in Peter Koenigs Geldseminar

Diejenigen durch deren Hände dieser Schein fliessen darf, kommen sicher in den Himmel. Dem/derjenigen der/die ihn einlöst, könnte er noch dazu Millionen wert sein!

Zürich — Ort
16.9.97 — Datum
Peter Koenig — Unterschrift

Einzulösen bei:
Peter Koenig, Culmannstrasse 10,
CH 8006 Zürich, Tel: 01/251 4280

Beurteilung, Kritik Die Möglichkeit, durch selbstgarantierte Wechsel Geld zu schöpfen, ergibt eine der einfachsten Währungen überhaupt und kommt ohne große zentrale Administration aus. Entscheidend sind hier Vertrauen und das Netzwerk der herausgebenden Person oder Stelle. Die Kontrolle über die ausgegebenen und zirkulierenden Einheiten ist hingegen schlecht möglich. Offen ist zudem auch die Frage, wie ein Teilnehmer sich selbst einen Kredit zumessen kann, der seiner eigenen Wirtschaftskraft entspricht. Durch neue Systeme mit Blockchain-Technologie lassen sich eventuell die Probleme lösen, so dass das Potenzial solcher Wechsel besser genutzt werden könnte.

Literatur und Links

Ardron, Mitra/Lietaer, Bernard (2002): Complementary Currency Innovation – Self-guarantee in peer-to-peer currencies.

www.watsystems.net: Japanisches WAT-System

Coop-Superpunkte	
Verbreitung	Schweiz
Zweck	Rabatt- und Kundenbindungssystem (Loyality Scheme)
Träger/ Organisationsform	Genossenschaft Coop Schweiz, Basel
Vertrauensgrundlage (Deckung)	■ Frankengedecktes Kundenbindungssystem: 100 Superpunkte = 1 CHF ■ Franken werden als Rückstellung gehalten.
Ausgabe/Rückzug	■ Beim Einkauf in Coop-Läden und Geschäften der Coop-Gruppe sowie weiteren Supercard-Partnerunternehmen außerhalb der Coop-Gruppe erhält man für jeden ausgegebenen Franken einen Superpunkt. ■ Die Punkte werden beim Vorzeigen der «Supercard» elektronisch auf das entsprechende Kundenkonto gebucht. ■ Die Punkte können gegen spezielle Prämien eingetauscht oder in allen Coop-Warenhäusern im Non-Food-Bereich direkt oder bei Promotionen immer wieder in Coop-Läden und weiteren Geschäften der Coop-Gruppe als Zahlungsmittel verwendet werden.
Verbreitung und Teilnehmende	■ Im Jahre 2014 sammelten 3,2 Millionen Haushalte in der Schweiz Punkte.
Umsatz	■ Im Jahre 2014 wurden 214 Milliarden Superpunkte eingelöst. ■ Per Ende 2014 waren noch 192 Milliarden Superpunkte auf den Konten der Nutzer, wofür eine Rückstellung von 192 Mio. CHF bei Coop gemacht wurde.

Nicht der Wechselkurs wird auf dem Bild dargestellt, sondern für einen Franken Einkauf erhält man einen Superpunkt.

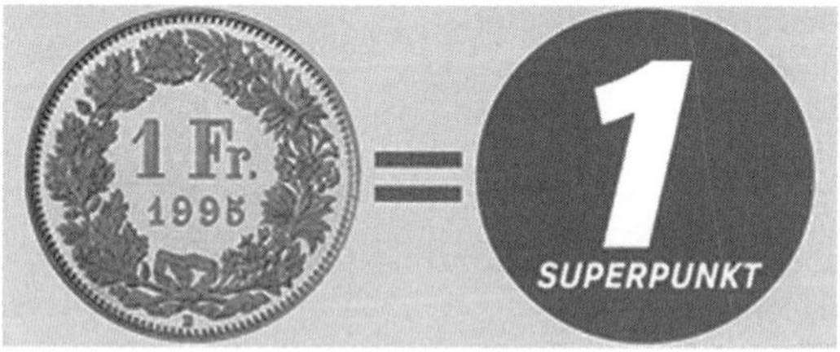

Organisation & Geschichte ___ Die Coop Genossenschaft ist einer der beiden größten Detailhändler (Einzelhandelsunternehmen) in der Schweiz und ist international an verschiedenen Firmen beteiligt.

Coop hatte eine «normale» Kundenkarte, die *Coop-Profit-Karte,* mit der man zusätzliche Aktionsangebote erhielt, die nur für Karteninhaber vorgesehen waren. Das Superpunkte-Loyalitätsprogramm wurde im Jahr 2000 eingeführt. Anreiz für die Supercard waren primär internationale Programme wie die des englischen Detailhändlers Tesco (*Tesco Clubcard* ab 1995).

Der Auftrag zur Entwicklung des Systems ging an die Firma Boost Shopper Activation. Dabei sollte die bisherige Kundenkarte durch ein völlig anderes, innovatives Loyalitätsprogramm abgelöst werden. Das Superpunkte-System war anfänglich als reines Prämiensystem konzipiert und erlaubte keine direkte Rückerstattung. Die gesammelten Punkte konnten gegen Produkte aus einem speziellen Prämienkatalog eingetauscht werden. Kunden konnten aber bereits von Beginn weg gegenseitig Punkte übertragen. Seit 2007 ist das direkte Bezahlen mit Superpunkten möglich. In den Warenhäusern Coop-City kann seither im Non-Food-Bereich unlimitiert mit Superpunkten eingekauft werden. Immer wieder werden befristete Aktionen durchgeführt, bei denen auch Lebensmittel und Artikel in allen normalen Supermärkten und weiteren Unternehmen der Coop-Gruppe bezahlt werden können.

Muster einer Coop-Supercard

Funktion und Details Zentrales Element der Superpunkte ist die Supercard. Diese zeigt die Kontonummer auf der Vorderseite und als Strichcode auf der Rückseite. Um Nutzer zu werden, muss man sich registrieren und erhält dann ein Konto zugeteilt. Das Superpunkte-System ist eine zentral verwaltete Datenbank, auf der alle Einkäufe eingebucht werden, bei denen eine Supercard verwendet wird. Coop als Betreiber erhält damit einen detaillierten Einblick in das Einkaufsverhalten der Nutzer. Bei jedem Einkauf wird dazu ein adäquater Punktebetrag eingebucht. Immer wieder finden Sonderaktionen mit 2-, 5-, 10- oder gar 20-facher Punktezahl statt, die zum Einkaufen motivieren sollen. De facto entspricht dies einem entsprechenden Einkaufsrabatt von 2 bis 20 %, der allerdings an weitere Einkäufe gebunden ist.

Superpunkte werden auch von Privaten übers Internet gehandelt und verkauft. Dabei existiert ein inoffizieller Wechselkurs. Teilweise werden für 10 000 Superpunkte über 100 CHF bezahlt. Ein Angebot eines privaten Wechslers lag im Februar 2016 aber auch bei nur 94 CHF für 10 000 Superpunkte.

Beurteilung Superpunkte und die Supercard sind gemäß Aussagen von Coop das erfolgreichste Kundenbindungssystem der Schweiz. Es baut primär auf der Anerkennungsfunktion einer Währung auf. Superpunkte sind auch ein moderner Weg, die Rückerstattung für die Kundenumsätze einer Genossenschaft zu handhaben. Allerdings decken sich Supercard-Nutzende (Kunden) und Genossenschaftsmitglieder nur zum Teil. Die Aktionen und Punktevervielfachungsgutscheine verzerren den Rückerstattungseffekt außerdem. Wenn Superpunkte auch direkt für Leistungen ausbezahlt würden (z.B. Lohnnebenleistungen für die Angestellten von Coop), könnten sie rasch weitere Währungsfunktionen übernehmen.

Literatur und Links

www.coop.ch

www.supercard.ch

Transition Currencies

Begriff ——— Die Bezeichnung *Transition Currencies* beschreibt einen Typ von komplementären Währungen, die von *Transition-Town-Initiativen* in Großbritannien entwickelt wurden. Sie sind ein Bestandteil des Konzepts der *Transition-Town-Bewegung,* die von Rob Hopkins 2006 in Totnes, England, gegründet wurde. Sie wurde inzwischen zu einer weltweiten Bewegung in Gemeinden und Städten, die versucht, lokal Nachhaltigkeit und größere Resilienz im Bezug auf die Gefahren des Klimawandels und des Peak-Oil zu erreichen.

Idee, Konzept ——— Transition kombiniert Gedanken und Konzepte aus den verschiedensten Bereichen, so zum Beispiel Permakultur oder Tiefenökologie und strebt lokale Wirtschaftskreisläufe an. Die Inspiration, auch eine Komplementärwährung im Transition-Konzept zu integrieren, kam Rob Hopkins durch einen Vortrag von Bernard Lietaer über die amerikanische BerkShares-Währung. Diese Währung wurde über viele Zwischenstufen von der E.F. Schumacher Society entwickelt, die in Great Barrington, Berkshire County, Massachusetts, beheimatet ist. Das BerkShare-Modell, zusammen mit Erfahrungen des Regiogeldes aus Deutschland, wurden Vorbild für das Totnes Pound (vgl. North 2010, S. 148–149).

Die englischen Transition-Währungen sind in erster Linie als 1 : 1 durch Pfund gedecktes Papiergeld konzipiert, häufig aufwändig gestaltet, und haben keine Umlaufsicherung. Die französischen Monnaies Locales Complémentaires (▷ MLC) haben ältere Wurzeln, viele Systeme haben sich in den letzten Jahren aber ebenfalls dem Modell der Transition Currencies angenähert.

Grundsätze ——— Einige der hoch gesteckten Ziele, die durch Transition Currencies erreicht werden sollen sind (vgl. Ryan-Collins 2011, S. 62)

- die Verbesserung der lokalen Resilienz durch Unterstützung der lokalen Produktion und Verbrauch und kurzer Transportwege;
- die Förderung und Erhalt lokalen Gewerbes;
- die Verhinderung der Abwanderung von Geld zu den Finanzplätzen;
- die Förderung von stärkeren Verbindungen lokaler Geschäfte und Konsumenten und von gegenseitiger Unterstützung;
- das Stimulieren einer Diskussion über wirtschaftliche Nachhaltigkeit und über Geld und seine Funktionen.

Beispiele ____ Die fünf ersten Währungen waren:

- Totnes Pound (in Devon),
- Lewes Pound (in East Sussex)
- Stroud Pound (in Gloucestershire, nur noch reduziert in Betrieb)
- Brixton Pound (in Südlondon)
- ▷ Bristol Pound

Brixton Pound, 20-Pfund-Schein, Vorderseite, Serie 2015

Beurteilung, Kritik ____ Die englischen Transition Currencies zeichnen sich durch ein sehr erfolgreiches Marketing aus und sind im Moment stark im Vormarsch. Im Jahre 2017 wurde eine eigenständige Dachorganisation mit Sitz in Bristol gegründet, die *Independent Money Alliance (IMA)*. Das Transition-Modell entwickelt sich weiter durch die Möglichkeit, lokale Steuern in beteiligten Gemeinden und Städten zu zahlen. Bei einer Weiterentwicklung der Währung in Bristol soll ein ergänzendes Kreditsystem für KMUs geschaffen werden.

Literatur und Links

Bos, Joost/Booth, Becky (2015): Community Currencies – Opportunities and challenges for local government.

independentmoney.org.uk: Independent Money Alliance, UK

Ryan-Collins, Josh (2011): Building Local Resilience – The Emergence of the UK Transition Currencies.

Begriff ___ Vollgeld ist die im deutschen Sprachraum gebräuchliche Bezeichnung für eine vollständig zentral durch die öffentliche Hand, den Staat respektive die Zentralbank oder eine eigenständige «Vierte Gewalt» (Monetative) emittierte Währung (Münzgeld, Notengeld und Giralgeld oder Buchgeld). Die englische Bezeichnung dafür ist *Sovereign Money,* die entsprechende Kampagne nennt sich *Positive Money.*

Idee, Konzept ___ Die Vollgeldidee geht von der heutigen Situation aus, dass der bargeldlose Zahlungsverkehr überwiegt und Zahlungen mit Bargeld weit übersteigt. Die Zentralbank hat keinen direkten Einfluss auf die Schöpfung des Giralgeldes, denn Geschäftsbanken schaffen im Rahmen ihrer Kreditgewährung eigenes Giralgeld, welches von den Kunden genau gleich, wie Zentralbankgeld verwendet wird. Geschäftsbanken schöpfen damit fast beliebig Geld, nur begrenzt durch geringe Reservevorschriften (vgl. Degens 2013, S. 31).

Ein erster geldreformerischer Plan geht im Wesentlichen auf eine Gruppe von Ökonomen um Henry C. Simons an der Universität Chicago zurück, die Anfangs der 1930er Jahre die Idee eines 100%-Bankings entwickelten (vgl. Huber in: Fisher 2007, S. 142). Dieser Plan wurde als *Chicago-Plan* oder *Full-Reserve Banking* bekannt und später auch von Milton Friedmann vertreten.

Irving Fisher entwickelte vor dem Hintergrund der Weltwirtschaftskrise im Jahr 1935 seinen eigenen Vorschlag *100%-Money* – eine hundertprozentige Deckung der Bankguthaben durch Zentralbankgeld.

Der Kern beider Pläne ist die Abschaffung des geldschöpfenden Bankensystems und die Trennung der monetären und kreditwirtschaftlichen Funktionen. Geldschöpfung soll von der Kreditvergabe unabhängig sein. Die Geschäftsbanken müssten sich entsprechend auf die Funktion als Finanzintermediär konzentrieren und dürften Kredite nur in Höhe des ihnen zur Verfügung gestellten Zentralbankgeldes sowie der dafür investierten Sparguthaben vergeben (vgl. Degens 2013, S. 31).

Die *Vollgeldidee* geht insofern darüber hinaus, als dass sie das neu geschöpfte Zentralbankgeld der öffentlichen Hand zinslos und schuldenfrei überlässt und damit den Geldschöpfungsgewinn (Seigniorage) der Öffentlichkeit zukommen lässt (vgl. Huber in: Fisher 2007, S. 148). Außerdem fordert dieses durch Joseph Huber erstmals 1998 veröffentlichte und danach zusammen mit James Robertson 2001 auch für den englischen Sprachraum vorgestellte

Eine in der Schweiz im Jahr 2015 eingereichte Volksinitiative verlangt die Einführung des Vollgeldsystems für den Schweizer Franken

VOLLGELD INITIATIVE

FÜR KRISENSICHERES GELD: **GELDSCHÖPFUNG** ALLEIN DURCH DIE NATIONALBANK!

Konzept eine politisch unabhängige Zentralbank als eigenständige Vierte Gewalt *(Monetative)* im Staat.

Mit der Einführung von Vollgeld soll, analog zur Einführung des staatlichen Banknotenmonopols im 19. Jahrhundert die Ausgabe von Giralgeld (Buchgeld) unter kontrollierten Bedingungen zentral erfolgen und nicht den gewinnorientierten Geschäftsbanken überlassen bleiben.

Als weiterer Vorteil einer Vollgeldeinführung wird die Möglichkeit zur massiven Reduktion der Staatsschulden gesehen: Huber schätzt die Höhe dieser einmaligen Seigniorage für Deutschland auf 1343 Milliarden Euro, «was Ende 2008 über 80 Prozent der gesamten Staatsschuld von 1652 Milliarden Euro zu diesem Zeitpunkt [entsprach]» (Huber 2010, S. 138).

Beurteilung, Kritik Eine Vollgeldreform wird im Moment in Ländern wie England oder Island von einzelnen Parlamentariern portiert. In der Schweiz findet dazu eine Volksabstimmung statt. Ob das Konzept die erhofften Vorteile bringen kann, wird von den Gegnern bestritten. Besonders die eingeschränkte Kreditvergabe wird als «Abwürgen» der Wirtschaft tituliert. Dem steht der faktische Verlust der geldpolitischen Steuerungsinstrumente bei den Zentralbanken im bestehenden System gegenüber, der durch ein Vollgeld aufgehoben werden könnte.

Literatur und Links

www.monetary.org: American Monetary Institute

www. monetative.de: Deutschland

www.positivemoney.org.uk: England

www.primit.it: Italien

www.vollgeld.ch: Schweiz

Mayer, Thomas/Huber, Roman (2014): Vollgeld – Das Geldsystem der Zukunft.

Weltwährung/Globale Referenzwährung

Begriff ___ Der Begriff Weltwährung wird hier nicht im Sinne einer weltweit herrschenden Landeswährung (heute Dollar), sondern für Konzepte einer übergeordneten Währung im Sinne einer Referenzwährung gebraucht. Eine solche globale Referenzwährung dient als Vergleichswährung für andere Währungen, wird aber weder für den Zahlungsverkehr, noch zur Vermögensbildung verwendet, sondern nur für einen Ausgleich zwischen den Zentralbanken oder anderen Währungszentralen.

Idee, Konzept ___ Eine übergeordnete Weltwährung basiert auf der Überlegung, einen Wertmaßstab mit einer universellen, standardisierten und global gültigen Wertebasis zu finden. Erste Vorschläge in diese Richtung wurden 1928 in Frankreich durch Joseph Archer und Philibert Besson im Rahmen einer damals bestehenden föderalen Europabewegung entwickelt. Sie definierten einen Warenkorb mit 10 Gütern und Dienstleistungen als Wertbasis für ihre universell gültig gedachte Währung *L'Europa* (Le Fédériste 1933). Bernard Lietaer entwickelte daraus ab 1999 seinen Vorschlag für eine globale Referenzwährung und Recheneinheit Terra (Lietaer 1999, S. 376ff.). Diese sieht er als Teil eines vielschichtigen Geldsystems, einer ▷ Ecology of Money. Der Terra soll von einem Unternehmensnetzwerk ausgegeben werden und letztlich als rohstoffgebundene internationale Referenzwährung fungieren.

Dieselbe Grundidee, aber auf überstaatlicher Ebene, kombiniert mit einer Zentralbank, die auf dem freien Markt interveniert, wurde von Benjamin Graham als International Commodity Corporation (ICC) 1943 in die akademische Diskussion eingebracht und auch der amerikanischen Verhandlungsdelegation vor der Konferenz von Bretton Woods vorgeschlagen. Diese berücksichtigte Grahams Vorschläge aber nicht.

Auf der Gegenseite schlug John Maynard Keynes den Bancor-Plan vor, eine Währungsunion und ein Regelwerk für den internationalen Zahlungsausgleich. Der *Bancor* sollte eine in Goldeinheiten festgelegte Währungseinheit sein. Die Zentralbanken aller Mitgliedsstaaten (auch der Nichtmitglieder) hätten bei einer internationalen Clearing-Union Konten, die ihnen ermöglichen sollten, ihre Devisenbilanzen in Bancor-Einheiten auszugleichen (vgl. Keynes 1989, S. 327). Keynes hatte erkannt, dass es auf einer begrenzten, geschlossenen Welt absolut zentral ist, die Handelsbilanzen der Länder auszugleichen, um langfristig den Frieden zu sichern. Daher sollten sowohl Länder mit negativen Handelsbilanzen, aber auch solche mit Handelsbilanzüberschüssen gezwungen sein, Gegenmaßnahmen einzuleiten. Als ein Instrument war die Ab- oder Aufwertung der Landeswährungen gegenüber dem Bancor vorgesehen.

Keynes Plan wurde verworfen. Stattdessen führte der Plan von Harry D. White zur Gründung des internationalen Währungsfonds (IWF) und der Weltbank, sowie zum Dollar als alleiniger Leitwährung.

Ein Ökonom, der die Weltwährungsideen weiterbearbeitete, war Nicholas Kaldor, der 1964 auf einer Konferenz der Vereinten Nationen eine internationale, auf einem Warenkorb basierende Reservewährung mit der Bezeichnung *International Commodity Reserve Currency* vorschlug (vgl. Ussher 2012). Seit 1969 existieren die *Special Drawing Rights* (Währungskürzel XDR) des IWF, eine Reservewährung basierend auf einem Korb der wichtigsten Landeswährungen. In neuerer Zeit haben auch Davidson, Stiglitz und Greenwald weitere Vorschläge zu globalen Referenzwährungen gemacht (vgl. Degens 2013, S. 46).

Beurteilung, Kritik Die Idee einer globalen Referenzwährung ist eng verknüpft mit der Vorstellung eines internationalen Ausgleichssystems der Wirtschaftskraft verschiedener Regionen, Länder oder Kontinente. Diese wird als notwendige Bedingung eines stabilen globalen Wirtschafts- und Finanzsystems gesehen. Ohne einen geregelten internationalen Ausgleich ist es tatsächlich schwer vorstellbar, wie die Vision einer nachhaltigen und für alle Menschen lebenswerten Welt jemals umgesetzt werden könnte. Leider sind die Bemühungen, eine solche Weltwährung vorzubereiten, sowohl auf akademischer als auch auf politischer Seite auf einem Tiefstand. Auch bei den Schwierigkeiten im Euro-Währungsraum wird nicht bei den fehlenden Ausgleichsmechanismen die Ursache gesucht. Stattdessen wird darüber diskutiert, welches Land, nach dem möglichen Versagen des Dollars, allen anderen die neue globale Leitwährung diktieren wird.

Literatur und Links

Betz, Thomas (2010): Keynes' Bancor Plan reloaded – Eine moderne Idee kommt endlich in Mode.

www.lietaer.com/2010/01/terra: Terra Currency

WIR-Geld	
Verbreitung	Schweiz
Zweck	«Selbsthilfe-Organisation von Handels-, Gewerbe- und Dienstleistungsbetrieben des Mittelstandes. Die Genossenschaft verschafft ihren Mitgliedern und den übrigen WIR-Verrechnern durch das WIR-System wirtschaftliche Vorteile und führt eine auch Nicht-Unternehmen offenstehende Bank. Zu diesem Zwecke betreibt die WIR-Bank folgende Geschäfte: Organisation des WIR-Verrechnungsverkehrs sowie Durchführung des WIR-Hypothekar- und Kreditgeschäftes; Durchführung von Bankgeschäften, wie Entgegennahme fremder Gelder in allen bankmäßigen Formen, Hypothekar- und Kreditgeschäft und indifferentes Geschäft, insbesondere Abwicklung des Zahlungsverkehrs.» (Zweckartikel der Statuten, Stand vom 19.11.2010)
Träger/ Organisationsform	WIR-Bank Genossenschaft, Basel, Schweiz
Vertrauensgrundlage (Deckung)	▪ Bonitätsprüfung der Mitglieder und Teilnehmenden beim Eintritt. ▪ Nur Gewerbe/Unternehmen mit entsprechender Leistungsfähigkeit und deren Mitarbeitende werden zugelassen.
Ausgabe/Rückzug	▪ Via Kreditschöpfung gegen bankenübliche Sicherheiten oder auch mit unternehmensbezogenen Krediten durch die Bank ▪ An sich zinslos, Kreditzinsen rein kostendeckend.
Verbreitung und Teilnehmende	ca. 60 000 Konten (angeschlossene Betriebe, Inhaber und Angestellte 2015)
Umsatz	1,35 Mia. CHW (WIR-Franken) im Jahr 2015.

Organisation & Geschichte ____ Der Wirtschaftsring wurde 1934 von 16 Personen als «WIR Wirtschaftsring-Genossenschaft» in Zürich gegründet. Darunter befanden sich Unternehmer, denen die Banken in der damaligen Krisenzeit den Zugang zu Betriebskrediten verwehrten. Als Vorbild diente das deutsche Ausgleichskassen-System (System Dickel/Herpel) und seine Umsetzung in nordischen Ländern.

Wandlungen des WIR-Logos von den Anfängen bis 2016

Der Zugang zum WIR-Geld stand anfänglich allen offen. 1935 zählte das System bereits über 3000 Teilnehmende. Die Anfangszeit war gekennzeichnet von vielerlei Experimenten. «So wurden 1936 Einkaufsmarken zu fünf und zehn Rappen eingeführt, mit denen die Teilnehmer auch Kleinsteinkäufe bargeldlos unter sich abwickeln konnten.» (Studer 1998, S. 12) Spezielle Börsengutscheine für direkte Transaktionen an Tauschbörsen und Verrechnungsscheine im Wert von 1 Franken und 5 Franken existierten, die wie Banknoten im Umlauf waren. «Diese Verrechnungsscheine hatten eine auf zwölf Monate beschränkte Gültigkeit und waren nach der Idee Gesells als Schwundgeld ausgestaltet, indem sie zur Aufrechterhaltung ihrer Gültigkeit am Ende jedes Monats mit einer speziellen Marke zu bekleben waren.» (Studer 1998, S. 12)

Ab 1936 wurde der WIR dem Bankengesetz unterstellt und mit einer Eidgenössischen Bankenlizenz versehen. Dies stellte die umstrittene Tätigkeit auf eine gesetzliche Grundlage und entsprach einer völlig anderen Politik, als die fast gleichzeitig erfolgten Verbote von neuen Währungen in Deutschland (Wära) und Österreich (Wörgl). Der Entscheid band das WIR-System aber von nun an auch in eine nicht für Alternativen gedachte Bankgesetzgebung ein.

In der weiteren, wechselvollen aber erfolgreichen Geschichte wurde das Schwundgeld 1948 abgeschafft und 1952 auch eine Verzinsung des Genossenschaftskapitals eingeführt. Ein weiterer Einschnitt war die bis heute gültige Beschränkung auf KMU-Betriebe (mittelständische Betriebe), die an der Generalversammlung 1958 beschlossen wurde. Die Umsätze stiegen an und erreichten zwischen 1993 und 1996 einen vorläufigen Höchststand bei einem Umsatz von rund 2,5 Milliarden WIR-Franken.

1998 stieg die WIR-Bank richtig in das normale Bankgeschäft mit Schweizerfranken ein und hat seit dieser Zeit diesen Bereich stark ausgebaut, so dass er heute um einiges größer ist, als der eigentliche WIR-Teil.

Am 1. November 2016 wurde das WIR-System mit komplett überarbeiteten und erweiterten Funktionen neu lanciert. Dies beinhaltet einerseits eine Rückbesinnung auf die ursprünglichen Werte, insbesondere auf die Stärkung der Schweizer Wirtschaft und die Solidarität, anderseits auch zahlreiche Produkte und Dienstleistungen im Rahmen einer Digitalisierungsstrategie.

Funktion und Details WIR ist ein zentral verwaltetes Buchgeld, das anfänglich hauptsächlich mittels Buchungsaufträgen, später über klassisches E-Banking (Internetbanking) und seit November 2016 immer häufiger mittels dualer Debitkarte *WIRpay plus* und über die spezielle App *WIRpay* genutzt wird. Dabei können für den gleichen Kauf auch zwei Währungen (CHF und CHW) auf verschiedenen Konten gleichzeitig verbucht werden, eine spezielle Leistung. Eine eigene Plattform *WIRmarket* bietet allen Mitgliedern eine umfassende Shop-Lösung zur Präsentation ihres Angebotes und für ihre Einkäufe. Die WIR-Teilnehmenden legen selbst einen garantierten Mindestannahmesatz von WIR-Geld auf alle ihre Preise fest. Dieser startet bei 3%, kann aber auch bis 100% gehen. Ein Satz von 30% heißt, dass ein Kunde bei einem Kaufpreis von beispielsweise 100. – diesen mit 30. – CHW und 70. – CHF begleichen kann.

Es existieren 13 eigenständige Regionalgruppen (Vereine), das *WIRnetwork,* wo die Verbindungen unter WIR-Mitgliedern gepflegt und regelmäßige Veranstaltungen und Treffen organisiert werden. Eine große, jährliche WIR-Messe in Zürich bringt ebenfalls Anbieter und Kunden persönlich zusammen.

Zusätzlich attraktiv sind der kostenlose Startkredit von 10 000 CHW für Start-ups und der Solidaritätsfonds, mit dem in kritischen Situationen rasch und unbürokratisch Hilfsangebote für teilnehmende Betriebe finanziert werden können.

Beurteilung Das WIR-System war eine geniale Idee vor über 80 Jahren und hat bewiesen, dass eine Komplementärwährung stabil, langfristig und zum Vorteil einer realen Wirtschaft wirklich funktionieren kann. Der Relaunch 2016 macht den WIR nicht nur zu einer der modernsten Komplementärsysteme, sondern ist auch eine überzeugende und erfolgsversprechende Antwort der WIR-Bank auf die weiter zunehmende Bankenkrise der (Nationalwährungs-)Geschäftsbanken. WIR dient entsprechend auch auf der ganzen Welt als *das* Vorbild einer erfolgreichen Alternativwährung.

Literatur und Links

Dubois, Hervé (2014): Faszination WIR – Resistent gegen Krisen, Spekulation und Profitgier.

Stodder, James (2009): Complementary Credit Networks and Macro-Economic Stability: Switzerland's Wirtschaftsring.

Studer, Tobias (1998): WIR in unserer Volkswirtschaft.

www.wir.ch

www.wirmarket.ch

Zeittausch, Tauschkreis, Tauschring

Begriff ___ Beim Zeittausch werden hauptsächlich Dienstleistungen, gelegentlich auch Waren, zwischen den Teilnehmern gegen Arbeitszeit ausgetauscht. Meistens gilt folgende Parität: Eine Arbeitsstunde von Teilnehmerin A entspricht einer Arbeitsstunde von Teilnehmer B unabhängig von Art oder Inhalt der Leistung.

Der Zeittausch ist ein eigenes Gebiet der zeitbasierten Währungen, die unter verschiedensten Konzepten und Namen erscheinen: *Tauschkreis, Tauschring, Tauschzirkel, Zeittauschbörse, Tauschnetz* oder auch *Zeitbank (TimeBank™).*

Ideen; Konzepte ___ Erste zeitbasierte Währungen wurden bereits im 19. Jahrhundert von verschiedenen Theoretikern (z.B. Pierre Proudhon) angedacht und von Pionieren wie Robert Owen und Jessiah Warren versuchsweise eingeführt. Diese Währungen legten ihren Fokus auf Arbeitskraft. Weitere Tauschsysteme, zum Beispiel in Deutschland nach dem zweiten Weltkrieg, waren meist auf Waren aufgebaut. Bei neueren Konzepten wurde dann die Zeit als Vergleichsmaßstab als zentral angesehen. Daraus wird eine Bezugs-Beitrags-Gerechtigkeit abgeleitet, die häufig in der Maxime «Eine Stunde ist eine Stunde» die Vorstellung festschreibt, dass jeder Beitrag, der in einer bestimmten Zeit geleistet wird, gleichwertig sei (singulärer Zeitwert). Dies ist in Bereichen reiner Dienstleistungen gut anwendbar und speziell erfolgreich im Bereich der ▷ *Alters- und Pflegewährungen.*

1973 entstand in Japan eine erste Zeitbank (vgl. Hayashi 2012, S. 33). Bei Zeitbanken kommt als weiteres Element die Idee des Sparens dazu. Dabei sollen heute geleistete Beitragsstunden aufgespart und in späteren Jahren wieder bezogen werden können. In extremis soll damit das Generationenproblem gelöst werden, indem ein junger Mensch Arbeitsstunden erbringt, die ihm gutgeschrieben werden und die er später im Alter 1:1 für seine Bedürfnisse wieder beziehen kann. Die eigene Kategorie der Zeitbanken, die Time-Banks wurde von Edgar S. Cahn ab 1986 bekannt gemacht und später auch als TimeBank® und TimeCredit® markenrechtlich geschützt. Time-Banks sind üblicherweise professionalisiert und arbeiten mit «Brokern», die Tauschvorgänge aktiv vermitteln und dadurch viel größere Aktivitäten generieren können.

Zeittausch, Tauschen an sich und das Konzept der ▷ LETS wird vor allem in den deutschsprachigen Ländern stark vermischt. Häufig wird zum Beispiel statt einer Stunde die Bezeichnung *Talente* verwendet wurde. Eine bestimmte Anzahl Talente bezeichnen dann aber meist wieder eine Stunde.

Beispiele, Praxis ___ Tauschkreise und -ringe sind heute der häufigste Typ alternativer Währungen (über 50% aller Systeme, Schätzung des Autors). Sie existieren an sehr vielen Orten, die Mitgliederzahl liegt häufig zwischen 30 und 60 Personen (53% der Tauschringe), nur wenige haben über 200 Mitglieder (5% der Tauschringe; Niemeyer 2002, S. 51).

Beispiele für einige größere Systeme

- Tauschen am Fluss (Zürich): www.tauschenamfluss.ch
- Tauschnetz Luzern: www.tauschnetz.ch
- Tauschring Markgräflerland: www.tauschring-markgraeflerland.de
- Tauschring Köln: tauschen-koeln.de/
- Kreuzberger Tauschring (Berlin): www.kreuzberger-tauschring.de

Zeittauschverbundsysteme

- Talenteverbund Zusammenschluss von ca. 25 Tauschkreisen in Österreich: www.talenteverbund.at
- Zürich Tauscht (4 Tauschkreise): www.zuerichtauscht.ch
- Obelio: obelio.com
- Zart: www.zart.org

Allgemeine Informationen und Verzeichnis

- Thema Tauschringe www.tauschring.de
- TimeBanks Organisation USA www.timebanks.org

Ein ganz anderes Konzept verfolgt die größte Schweizer Tauschbörse Exsila mit über 100 000 Mitgliedern. 2006 mit Filmtausch gestartet, werden heute auch Bücher, Spielzeug oder Kleidung mit einem Punktesystem getauscht (www.exsila.ch).

Beurteilung, Kritik ___ Zeittauschsysteme sind vor allem erfolgreich im Aufbau und der Pflege sozialer Beziehungen, beim Aktivieren von Fähigkeiten und zur Stärkung des sozialen Zusammenhalts. Das zugrundeliegende Konzept der Zeittauschwirtschaft beruht auf einem individualistischen Wirtschaftsverständnis und berücksichtigt Gemeinschaftsleistungen und Eigentumsvoraussetzungen kaum. Mit einem singulären Zeitwert lassen sich Verhältnisse nur limitiert bewerten. Zeittauschsysteme bleiben deshalb in der Regel kleine Systeme, die soziale Integration und kulturelle Bereicherung lokal erfolgreich fördern können, wirtschaftlich aber bedeutungslos bleiben.

Geld und Währungen: Anhang

Übersicht Alternative Geldkonzepte und Stichwortezuteilung

1. Reform des Systems	Zentrale Steuerung	Anpassung	▷ Vollgeld
			▷ Geldreform
			▷ Freigeld
			▷ Gold- und Silberdeckung
		Neugestaltung	▷ Informationsgeld
			▷ Gradido
	Währungspluralismus	▷ Private Konkurrenzwährungen	
		▷ Ecology of Money	
		▷ Parallelwährungen	
		▷ Weltwährung, globale Referenzwährung	
2. Ergänzung durch Komplementärwährung	Wirtschaftliche Zielsetzung	▷ Geschäftswährungen (B2B)	▷ Barter
			▷ Sardex.net
			▷ WIR
		▷ Kundenbindungs- und Rabattsysteme (B2C)	▷ Superpunkte
	Soziale und gesellschaftliche Zielsetzungen	Individueller Ansatz	▷ LETS
			▷ Zeittausch, Tauschkreis, Tauschring
			▷ Selbstgarantierte Wechsel
		Sektorieller Ansatz	▷ Altersvorsorge- und Pflegewährungen
			▷ Bildungswährungen
			▷ Reka-Geld
	Mischformen	▷ MLC (Monnaie Locale Complémentaire)	
		▷ Transition Currencies	▷ Bristol Pound
		▷ Regiogeld	▷ Chiemgauer
			▷ NetzBon
		▷ Quartierwährung	
		▷ Energiewährung	
3. Digitale Neuformierung	▷ Blockchain-Technologie	▷ Bitcoin	
		▷ FairCoin	
	▷ Peer-to-Peer-Prinzip (P2P)		
4. Abschaffung des Geldes	▷ Schenkökonomie		

Ausgewählte weiterführende Informationen

Internet

cc-literature.org: wissenschaftliche Bibliografie zum Thema alternative Währungen

community-currency.info: Wiki-Website mit einem umfassenden Überblick zum Thema (Englisch, teilweise Übersetzungen vorhanden)

complementarycurrency.org: Weltweites Forschungsnetzwerk zu Komplementärwährungen (Englisch, teilweise Übersetzungen vorhanden)

ijccr.net: International Journal of Community Currency Research (Englisch), einzige spezialisierte wissenschaftliche Zeitschrift

monneta.org: Wissen, Bewusstsein und Bildung zu komplementären Währungen

unterguggenberger.org: Unterguggenberger Institut, Wörgl

www.lietaer.com: Website von Bernard Lietaer

www.margritkennedy.de: Website von Margrit Kennedy

Bücher

Greco, Thomas H. (2009): The End of Money and the Future of Civilization. Vermont.

Kennedy, Margrit (2011): Occupy Money – Damit wir zukünftig Alle die Gewinner sind. Bielefeld.

Kennedy, Margrit/Lietaer, Bernard A. (2004): Regionalwährungen – Neue Wege zu nachhaltigem Wohlstand. 2. Auflage, München.

Kennedy, Margrit/Lietaer, Bernard A./Rogers, John (2012): People Money – The promise of regional currencies. Devon.

Lietaer, Bernard A. (1999): Das Geld der Zukunft – Über die zerstörerische Wirkung unseres Geldsystems und Alternativen hierzu. München.

Lietaer, Bernard A./Arnsperger, Christian/Goerner, Sally/Brunnhuber, Stefan (2013): Geld und Nachhaltigkeit – Von einem überholten Finanzsystem zu einem monetären Ökosystem. Club of Rome/EU-Chapter, Berlin.

New Economics Foundation (2015): People Powered Money – Designing, developing & delivering community currencies. New Economics Foundation, London. (free e-Book available under: communitycurrenciesinaction.eu/peoplepoweredmoney)

North, Peter (2010): Local Money – How to make it happen in your community. Totnes, Devon.

Literatur und Quellen

Amorevole, Rosa M./Rizzo, Pantaleo (2000): Viaggio Tra le Esperienze Di Scambio Senza Denaro. In: Palmese, Barbara/Sereni Simone: Senza Denaro, Roma.

Anderegg, Ralph (2007): Grundzüge der Geldtheorie und Geldpolitik. München.

Ardron, Mitra/Lietaer, Bernard (2002): Complementary Currency Innovation – Self-guarantee in peer-to-peer currencies. International Journal of Community Currency Research, Vol. 10, pp. 1–7.

Bagus, Philipp/Schwarz, Gerhard (Hrsg.) (2014): Die Entstaatlichung des Geldes. Zürich.

Baltensperger, Ernst (2012): Der Schweizer Franken – Eine Erfolgsgeschichte. Die Währung der Schweiz im 19. und 20. Jahrhundert. 2. Auflage, Zürich.

Baltensperger, Ernst (2014): Die Geldordnung und ihre Zukunft. Vortrag HSG Alumnae, 4.2.2014, St. Gallen (unveröffentlicht).

Bank of England (2014): Money in the modern economy – an introduction by Michael McLeay, Amar Radia and Ryland Thomas of the Bank's Monetary Analysis Directorate. Quarterly Bulletin 2014 Q1, London.

BASS – Büro für Arbeits- und Sozialpolitische Studien (2008): Zeitgutschriften für die Begleitung, Betreuung und/oder Pflege älterer Menschen. Literaturübersicht und Einschätzungen von Experten aus der Praxis. Bundesamt für Sozialversicherungen, Bern.

Baumberger, Joerg (2016): E-Mail-Korrespondenz mit dem Autor 10.7.2016.

Bauwens, Michel (2009): Class and Capital in Peer Production. Capital & Class, Spring 2009, Vol. 33, No. 1, 121–141.

Bellamy, Edward (Published 1888): Looking Backward, from 2000 to 1887. Projekt Gutenberg.
(www.gutenberg.org, Onlineversion feedbooks, www.feedbooks.com)

Bellamy, Edward (Published 1897): Equality. Projekt Gutenberg.
(www.gutenberg.org, Onlineversion feedbooks, www.feedbooks.com)

Betz, Thomas (2010): Keynes' Bancor Plan reloaded – Eine moderne Idee kommt endlich in Mode. In: Zeitschrift für Sozialökonomie, 164/165. Folge, April 2010, Kiel.

Bindewald, Leander (2009): Erkenntniskritische Betrachtungen zum ökonomischen Menschenbild Friedrich August von Hayeks. Magisterarbeit Universität Freiburg i.Br.

Bos, Joost/Booth, Becky (2015): Community Currencies – Opportunities and challenges for local government. Report produced by Amsterdam East City Council as part of the Community Currencies in Action (CCIA) collaboration project. (erhältlich unter: community-currency.info/wp-content/uploads/2015/06/ccia-amsterdam-local-gov-report.pdf)

Braun, Sebastian/Paschke, Dennis (2005): Makroökonomie, anschaulich dargestellt. Heidenau.

Brodbeck, Karl-Heinz (2012): Die Herrschaft des Geldes – Geschichte und Systematik. 2. Auflage. Darmstadt.

Bundesbank (2014): Zahlungsverhalten in Deutschland 2014 – Dritte Studie über die Verwendung von Bargeld und unbaren Zahlungsinstrumenten. Frankfurt a.M. (www.bundesbank.de/Redaktion/DE/Downloads/Veroeffentlichungen/Studien/zahlungsverhalten_in_deutschland_2014_praesentation.pdf?__blob=publicationFile, Zugriff 9.8.2016)

Bundesverband mittelständische Wirtschaft – BVMW (2012): Die Parallelwährung: Optionen, Chancen, Risiken. (www.bvmw.de/uploads/media/die_parallelwaehrung.pdf, Zugriff 18.4.2017)

Burgy, Géraldine (2009): Plus qu'une Monnaie Alternative – Le BonNetzBon de la Coopérative réseau d'économie sociale à Bâle. Institut des hautes études internationales et du développement. Genève.

Burka, Uwe (2015): Eine zukunftsfähige Geld- und Wirtschaftsordnung für Mensch und Natur. Puidoux. (Buch herunterladbar unter www.aktivzukunftsichern.com)

Clippinger, John H./Bollier, David (Ed.) (2014): From Bitcoin to Burning Man and Beyond – The Quest for Identity and Autonomy in a Digital Society. ID3, Amherst/Massachusetts.

Creutz, Helmut (2003): Das Geld-Syndrom – Wege zu einer krisenfreien Wirtschaftsordnung. 5. Auflage, Aachen.

Crowston, K./Osborn, C.S. (2003): A coordination theory approach to process description and redesign. In: Malone, T.W./Crowston, K./Herman, G. (eds.): Organizing Business Knowledge – The MIT Process Handbook, Cambridge/MA.

Degens, Philipp (2013): Alternative Geldkonzepte – ein Literaturbericht. Max-Planck-Institut für Gesellschaftsforschung, MPIfG Discussion Paper 13/1, Köln.

Degens, Philipp (2016): Regiogeld und Unternehmen – Eine Untersuchung anhand dreier Fallstudien im Kontext von Geld, Gabe und Reziprozität. Dissertation, Universität zu Köln.

Dembinski, Paul H./Perritaz, Christophe (2000): Towards the Break-Up of Money: When reality – driven by information technology – overtakes Simmel's vision. In: Backhaus/Stadermann (eds.): Georg Simmel's Philosophy of Money: A Centenary Appraisal. Marburg.

Dodd, Nigel (2014): The Social Life of Money, Oxford.

Douthwaite, Richard (2012): The Ecology of Money. Schumacher Briefings, No. 4, Totnes.

Dubois, Hervé (2014): Faszination WIR – Resistent gegen Krisen, Spekulation und Profitgier. Lenzburg.

Eisenstein, Charles (2013): Ökonomie der Verbundenheit: Wie das Geld die Welt an den Abgrund führte – und sie dennoch jetzt retten kann. München.

Elsässer, Markus (1984): Soziale Intentionen und Reformen des Robert Owen in der Frühzeit der Industrialisierung, Berlin.

Elster, Karl (1923): Die Seele des Geldes – Grundlagen und Ziele einer allgemeinen Geldtheorie. 2. Auflage, Jena.

Estermann, Thomas (1994): Schuldenfreies Tauschgeld TALENT – Entwurf einer grundlegenden Geldreform, Aarau.

Eucken, Walter (1941): Die Grundlagen der Nationalökonomie. 2. Auflage, Jena.

Finaccord Ltd. (2013): Retailer Payment, Gift and Loyalty Cards in Europe. Report Prospectus. (www.finaccord.com/documents/rp_2013/report_prospectus_retailer_payment_gift_loyalty_cards_europe.pdf, Zugriff 15.5.2016)

Fisher, Irving (1933): Stamp Scrip. New York.

Fisher, Irving (2007): 100%-Money – 100%-Geld. Kiel.

Gebauer, Wolfgang (2004): Geld und Währung. 2., vollständig überarbeitete Auflage, Frankfurt a. M.

Gelleri, Christian (2008): Theorie und Praxis des Regiogeldes. In: Weis, Mathias/Spitzeck, Heiko: Der Geldkomplex – Kritische Reflexion unseres Geldsystems und mögliche Zukunftsszenarien. St. Galler Beiträge zur Wirtschaftsethik 41, Bern.

Gelleri, Christian (2015): Parallelwährung für Griechenland. In: r-evolution, 11. Jahrgang, Nr. 65, Juni 2015.

Gesell, Silvio (1984): Die natürliche Wirtschaftsordnung durch Freiland und Freigeld. 10. Auflage, Lauf bei Nürnberg.

Godschalk, Hugo (2012): Does Demmurage Matter for Complementary Currencies?. International Journal of Community Currency Research, Vol. 16, D58–69.

Gomez, Georgina M. (2013): Balancing Growth and Solidarity in the Argentine Community Currency System (Trueque). UNRISD Conference 6–8 May 2013, Geneva. (www.unrisd.org/sse-draft-gomez, Zugriff 23.5.2016)

Graeber, David (2014): Schulden, die ersten 5000 Jahre. München.

Greco, Thomas H. (2009): The End of Money and the Future of Civilization. Vermont.

Hamm, Hans (1927): Die Parallelwährung. Leipzig.

Hardorp, Benediktus (2009): Elemente einer Neubestimmung des Geldes und ihre Bedeutung für die Finanzwirtschaft der Unternehmung. Karlsruhe.

Hayashi, Mayumi (2012): Japan's Fureai Kippu Time-banking in Elderly Care: Origins, Development, Challenges and Impact. International Journal of Community Currency Research, Vol. 16, A30–44.

Hayek, Friedrich A. (1976): Choice in Currency – A Way to Stop Inflation. London.

Hayek, Friedrich A. (1977): Die Entnationalisierung des Geldes – eine Analyse der Theorie und Praxis konkurrierender Umlaufsmittel. Tübingen.

Hayek, Friedrich A. (1990): Denationalisation of Money – The Argument Refined. The Institute of Economic Affairs, 3rd Edition, London.

Heinsohn, Gunnar/Steiger, Otto (2009): Eigentum, Zins und Geld – Ungelöste Rätsel der Wirtschaftswissenschaften. 6. Auflage, Marburg.

Hill, Napoleon (1973): Denke nach und werde reich. 4. Auflage, Genf.

Hinz, Thomas/Wagner, Simone (2010): Die Diffusion einer sozialen Bewegung – lokale Austauschnetzwerke in Deutschland. In: Zeitschrift für Soziologie, Jg. 39, Heft 1, Februar 2010, S. 60–80.

Hörmann, Franz/Pregetter, Otmar (2011): Das Ende des Geldes – Wegweiser in eine ökosoziale Gesellschaft. (www.franzhoermann.com/downloads/20110810-das_ende_des_geldes.pdf)

Huber, Joseph (1998): Vollgeld. Berlin.

Huber, Joseph (2010): Monetäre Modernisierung – Zur Zukunft der Geldordnung. Marburg.

Huber, Joseph/Robertson, James (2001): Creating New Money – A monetary reform fort he information age. New Economics Foundation, London.

Huber, Joseph/Robertson, James (2008): Geldschöpfung in öffentliche Hand – Weg zu einer gerechten Geldordnung im Informationszeitalter. Kiel.

Huber, Lucas/Martignoni, Jens (2013): Improving complementary currency interchange by a regional hub-solution. International Journal of Community Currency Research, Vol. 17 (A), pp. 197.

Hubert, Eva-Maria (2004): Tauschringe und Marktwirtschaft – eine ökonomische Analyse lokaler Komplementärwährungen. Berlin.

Hückstädt, Bernd (2012): Gradido – Natürliche Ökonomie des Lebens – Ein Weg zu weltweitem Wohlstand und Frieden in Harmonie mit der Natur. Gradido-Akademie, Künzelsau.

Jansky, Frank (2015): Rechtliche Themen zu Komplementärwährungen in Deutschland. In: An Overwiev oft he Legal and Regulatory Framework for Complementary Currency in Germany, New Economics Foundation a spart of ccia project. (community-currency.info/de/suche/arbeitsmaterialien/legal-and-compliance, Zugriff 7.5.2016)

Kampmann, Ursula (2005): Menschengesichter – Götter, Herrscher, Ideale – Das Antlitz des Menschen im Münzbild. Sunflower Foundation, Zürich.

Kennedy, Margrit (1991): Geld ohne Zinsen und Inflation – Ein Tauschmittel das jedem dient. München.

Kennedy, Margrit (2011): Occupy Money – Damit wir zukünftig Alle die Gewinner sind. Bielefeld.

Kennedy, Margrit/Battke, Kathleen (2008): Neue Wertschöpfung in der Wissensgesellschaft: Bildungsgutscheine für Deutschland. (verfügbar unter: monneta.org/glossary/bildungswaehrungen)

Kennedy, Margrit/Lietaer, Bernard A. (2004): Regionalwährungen – Neue Wege zu nachhaltigem Wohlstand. 2. Auflage, München.

Kennedy, Margrit/Lietaer, Bernard A./Rogers, John (2012): People Money – The promise of regional currencies. Devon.

Keynes, John Maynard (1983): Vom Gelde. 3. Auflage, Berlin.

Keynes, John Maynard (1989): Vorschläge für eine internationale Clearing Union. In: Leber, Stefan (Hrsg.): Wesen und Funktion des Geldes, Sozialwissenschaftliches Forum, Bd. 3, Stuttgart.

Keynes, John Maynard (2006): Allgemeine Theorie der Beschäftigung, des Zinses und des Geldes. 10. Auflage, Berlin.

Knapp, Georg F. (1905): Staatliche Theorie des Geldes. Leipzig.

Köstler, Ursula (2006): Seniorengenossenschaften – Stabilitätseigenschaften und Entwicklungsperspektiven. Eine empirische Studie zu Sozialgebilden des Dritten Sektors auf Grundlage der Gegenseitigkeitsökonomik. Neue Kölner Genossenschaftswissenschaft, Band 2, Berlin.

Köstler, Ursula (2007): Aktivierung des Bürgers mittels Zeittauschsystemen – Seniorengenossenschaften sind mehr als nur Tauschringe. In: ZögU, 30. Jg., 4/2007, S. 390–413.

Kulessa, Verena (2003): Tauschringe – Aktuelle Situation in Deutschland. Studienarbeit Universität Kassel.

Leber, Stefan (Hrsg.) (1989): Wesen und Funktion des Geldes – Zahlen, Leihen und Schenken im volkswirtschaftlichen Prozess. Sozialwissenschaftliches Forum, Band 3, Stuttgart.

Le Fédériste (Journal) (1933): La Monnaie de la Paix. Article de 1. Janvier 1933 probablement par Joseph Archer et Philibert Besson. (https://unterguggenberger.org/page.php?id=60, Zugriff 27.5.2017)

Leinert, Sebastian (2016): Regionale Komplementärwährungen in Deutschland – Stand und Entwicklungsmöglichkeiten. Norderstedt.

Lietaer, Bernard A. (1999): Das Geld der Zukunft – Über die zerstörerische Wirkung unseres Geldsystems und Alternativen hierzu. München.

Lietaer, Bernard A. (2000): Mysterium Geld – Emotionale Bedeutung und Wirkungsweise eines Tabus. 2. Auflage, München.

Lietaer, Bernard A. (2004): Proposal for a Brazilian Education Complementary Currency, Access Foundation, available at www.complementarycurrency.org/ccLibrary/brazil_education_currency_system_Lietaer.pdf.

Lietaer, Bernard A./Arnsperger, Christian/Goerner, Sally/Brunnhuber, Stefan (2013): Geld und Nachhaltigkeit – Von einem überholten Finanzsystem zu einem monetären Ökosystem. Ein Bericht des Club of Rome/EU-Chapter, Berlin.

Littera, Giuseppe/Sartori, Laura/Dini, Paulo/Antoniadis, Panayotis (2017): From an idea to a scalable working model: merging economic benefits with social values in Sardex. International Journal of Community Currencies, Vol. 21, pp. 6–21.

Luhmann, Niklaus (1994): Die Wirtschaft der Gesellschaft. Frankfurt a.M.

Magnen, Jean-Philippe/Fourel, Christophe/Meunier, Nicolas (2015): D'Autres Monnaies Pour Une Nouvelle Prospérité. Rapport remis à Carole Delga, Secrétaire d'Etat chargée du commerce, de l'artisanat, de la consommation et de l'economie sociale et solidaire le 8 avril 2015.

Martignoni, Jens (2012): A new approach to a typology of complementary currencies. International Journal of Community Currency Research, 16 (A), 1–17.

Martignoni, Jens (2015a): Cooperation and Intertrade between Community Currencies – From fundamentals to rule-making and clearing systems, including a case study of the Zurich Area, Switzerland. International Journal of Community Currency Research, 19 (D), 137–151.

Martignoni, Jens (2015b): Quartierwährung – Ein Modell zur Ressourcenmobilisierung für Bau- und Wohngenossenschaften. In: Andeßner, R./Greiling, D./Gmür, M./Theuvsen, L. (Hrsg.): Ressourcenmobilisierung durch Nonprofit-Organisationen – Theoretische Grundlagen, empirische Ergebnisse und Anwendungsbeispiele. Linz.

Martignoni, Jens/Gröbly, Thomas/Weber, Julia/Klöti, Martin (2013): Quartierwährung – Vorschlag einer eigenen Komplementärwährung für die Baugenossenschaft mehr als wohnen auf dem Hunziker Areal. Fachhochschule Nordwestschweiz (Hrsg.), Windisch.
(www.mehralswohnen.ch/fileadmin/downloads/Wissenschaftliche_Begleitung/FHNW_fleXibles_Quartierwaehrung_Broschuere.pdf)

Mauss, Marcel (1968): Die Gabe. Frankfurt a.M.

Mayer, Thomas/Huber, Roman (2014): Vollgeld – Das Geldsystem der Zukunft. Marburg.

Meadows, Dennis L./Meadows, Donella/Zahn, Erich/Milling, Peter (1974): Die Grenzen des Wachstums – Bericht des Club of Rome zur Lage der Menschheit. Zürich.

Mill, John Stuart (2009): Principles Of Political Economy. Project Gutenberg. (http://www.gutenberg.org/ebooks/30107, Zugriff 27.05.2017)

Mirus, Rolf/Yeung, Bernard (Hrsg.) (2001): Economics of Barter and Countertrade; Cheltenham.

New Economics Foundation (2015): People Powered Money – Designing, developing & delivering community currencies. New Economics Foundation, London. (free e-Book available under: communitycurrenciesinaction.eu/peoplepoweredmoney)

Niemeyer, Verena (2002): Tauschringe in Deutschland. Diplomarbeit, Wirtschaftswissenschaftliche Fakultät der Universität Heidelberg. (www.tauschringservice.info/TR-Archiv/Diplomarbeit/Niemeyer.V-S.pdf, Zugriff 21.5.2016)

North, Peter (2010): Local Money – How to make it happen in your community. Totnes, Devon.

Onken, Werner (1990): Silvio Gesell und Rudolf Steiner. Fragen der Freiheit, Heft 202, Jan./Feb. 1990, Bad Boll.

Onken, Werner (1997): Modellversuche mit sozialpflichtigem Boden und Geld. Kiel.

PaySys (2007): LETSysteme und Tauschringe – Ein Handbuch über Formen und Ausgestaltungsmöglichkeiten lokaler Verrechnungssysteme (LETS-Handbuch PaySys). Version 4.1, August 2007, Frankfurt a. M.

Pfluger, Christoph (2015): Das nächste Geld – Die zehn Fallgruben des Geldsystems und wie wir sie überwinden, Solothurn.

Ponder, Catherine (1981): Bete und werde reich. Berg am Starnberger See.

Ranzinger, Alexandra (2011): Praxiswissen Kundenbindungsprogramme. Wiesbaden.

Reifner, Udo (2010): Die Geldgesellschaft – Aus der Finanzkrise lernen. Wiesbaden.

Riegel, Edwin C. (2003a): A New Approach to Freedom. 2. Auflage, Los Angeles. (www.newapproachtofreedom.info, Zugriff 10.6.2010)

Riegel, Edwin C. (2003b): Flight from Inflation – The Monetary Alternative. 2. Auflage, Los Angeles. (www.newapproachtofreedom.info, Zugriff 10.6.2010)

Riegel, Edwin C. (2010): Private Enterprise Money – A Non-Political Money System, 2. Auflage, New York, www.newapproachtofreedom.info, Zugriff 10.6.2010.

Riese, Hajo (1998): Geld – Das letzte Rätsel der Nationalökonomie. In: Schelkle, Waltraud/Nitsch, Manfred (Hrsg.): Rätsel Geld. Marburg.

Robbins, Tony (2015): Money – Die 7 einfachen Schritte zur finanziellen Freiheit. München.

Robertson, James (2012): Future Money, Breakdown or Breakthrough. Totnes, UK.

Rösl, Gerhard (2006): Regionalwährungen in Deutschland – Lokale Konkurrenz für den Euro?. Diskussionspapier Volkswirtschaftliche Studien, Deutsche Bundesbank, Frankfurt a.M. (www.bundesbank.de/Redaktion/DE/Downloads/Veroeffentlichungen/Diskussionspapiere_1/2006/2006_12_29_dkp_43.pdf?__blob=publicationFile, Zugriff 8.5.2016)

Roßmeißl, Barbara (2004): Tauschhandel in Argentinien – eine effiziente Überlebensstrategie in Zeiten der Wirtschaftskrise. In: Zeitschrift für Sozialökonomie 141/2004, S. 25–36.

Ryan-Collins, Josh (2011): Building Local Resilience – The Emergence of the UK Transition Currencies. International Journal of Community Currency Research, 15 (2011), D 61–67.

Ryan-Collins, Josh/Schuster, Ludwig/Greenham, Tony (2012): Energising Money – An introduction to energy currencies and accounting. The new economic foundation, London.

Sademach, Marit (2012): Regionalwährungen in Deutschland – Strategie, Hintergrund und rechtliche Bewertung. Baden-Baden.

Sartwell, Crispin (Ed.) (2011): The Practical Anarchist: Writings of Josiah Warren. Bronx.

Schmalz, Anna-Lisa (2013): Komplementärwährungen zur Förderung der regionalen Wirtschaft in Städten und Gemeinden – Ein innovativer Ansatz für Kommunen.
(monneta.org/komplementaerwaehrungen%E2%80%A8-zur-foerderung-der-regionalen-wirtschaft-in-staedten-und-gemeinden/, Zugriff 4.1.2016)

Schneider, Christian (1995): Barter-Clubs – Chancen und Probleme: eine theoretische und empirische Analyse. Beiträge zur Verhaltensforschung, Heft 30, Berlin.

Schnöring, Marc/Woisetschläger, David M. (2016): Konsequenzen der Prämieneinlösung in Kundenbindungsprogrammen: Theoretische Fundierung und empirische Analyse. Wiesbaden.

Schroeder, Rolf F.H. (2006): Community Exchange and Trading Systems in Germany. International Journal of Community Currency Research, Vol. 10, pp. 24–42.

Schroeder, Rolf F. H. (2015): The Tausch-centers oft he 1940s – closed markets as an alternative to the black economy. Journal of Historical Research in Marketing, Vol. 7, Iss. 3, pp. 330 – 355.

Schumpeter, Joseph A. (1971): Das Wesen des Geldes. Göttingen.

Schwarz, Fritz (2008): Das Experiment von Wörgl – Ein Weg aus der Wirtschaftskrise. Darmstadt.

Servet, Jean-Michel (2012): Les monnaies du lien. Lyon.

Spooner, Lysander (1878): Gold And Silver As Standards Of Value: The Flagrant Cheat In Regard To Them. Boston.

Steiner, Rudolf (2002): Nationalökonomischer Kurs – Aufgaben einer neuen Wirtschaftswissenschaft. Band I, 6. Auflage, Dornach.

Stodder, James (2009): Complementary Credit Networks and Macro-Economic Stability: Switzerland's Wirtschaftsring. Journal of Economic Behavior & Organization, 72, October, 2009, pp. 79–95.

Studer, Tobias (1998): WIR in unserer Volkswirtschaft. WIR-Bank.
(online unter: www.solami.com/WIR.htm)

Stützel, Wolfgang (2011): Volkswirtschaftliche Saldenmechanik. 2. Auflage, Tübingen.

Suhr, Dieter (1988): Alterndes Geld – Ein Konzept Rudolf Steiners aus geldtheoretischer Sicht. Schaffhausen.

The Economist (2005): Funny Money. December 2005.
(www.economist.com/node/5323615)

Thiel, Christian (2011): Das bessere Geld – Eine ethnographische Studie zu Regionalwährungen. Wiesbaden.

Ussher, Leanne J. (2012): Combining International Monetary Reform with Commodity Buffer Stocks: Keynes, Graham and Kaldor. Economics Department, Queens College, City University of New York, December 19, 2012. (www.global-systems-science.org/wp-content/uploads/2012/11/ussher_Bancor_19Dec12.pdf, Zugriff 17.5.2016)

Vaughan, Genevieve (2008): For-Giving: Schenken und vergeben – Eine feministische Kritik des Austausches. Königsstein.
(frei herunterladbar unter: gift-economy.com/for-giving-deutsch)

Visotschnig, Andrea (2010): Die Regionalwährung Waldviertler – Auswirkungen eines Projektes solidarischer Ökonomie auf die Regionalentwicklung. Diplomarbeit, Wirtschaftsuniversität Wien.

von Braun, Christina (2014): Der Preis des Geldes – Eine Kulturgeschichte. 2. Auflage, Berlin.

Wallimann, Isidor (2014): Social and solidarity economy for sustainable development: its premises – and the Social Economy Basel example of practice. International Review of Sociology, Revue Internationale de Sociologie. (dx.doi.org/10.1080/03906701.2014.894345)

Weis, Mathias/Spitzeck, Heiko (Hrsg.) (2008): Der Geldkomplex – Kritische Reflexionen unseres Geldsystems und mögliche Zukunftsszenarien. Bern.

Wicksell, Knut (1898): Geldzins und Güterpreise – Eine Studie über die den Tauschwert des Geldes bestimmenden Ursachen. Jena.

Wicksell, Knut (1922): Vorlesungen über Nationalökonomie auf Grundlage des Marginalprinzipes, Theoretischer Teil, Zweiter Band: Geld und Kredit. Jena.

Wikipedia (2016): en.wikipedia.org/wiki/Ora_(currency), Zugriff 28.7.2016

Witzenmann, Herbert (1995): Geldordnung als Bewusstseinsfrage. Dornach.

Bildnachweis

S. 15: Microsoft Word for Mac 2011, Clip Art Content

S. 20: sunflower foundation, Zürich, mit freundlicher Genehmigung

S. 28: London Stereoscopic Company – Hulton Archive, gemeinfrei, commons.wikimedia.org/w/index.php?curid=30913285

S. 47: From enwiki en:Image:LaborNote.JPG Sample labor for labor note for the Cincinnati Time Store. Scanned from «Equitable Commerce» by Josiah Warren (1846)

S. 58: Coop-Archiv, Basel, mit Dank an Stefan Scherrer

S. 59: v. Bodelschwinghsche Stiftungen Bethel, Bielefeld, mit freundlicher Genehmigung

S. 62: Unterguggenberger Institut e.V., Wörgl, mit Dank an Veronika Spielbichler

S. 67: Paul Glover, Ithaca, mit freundlicher Genehmigung

S. 108: www.canbike.org/information-technology/bitcoin-logo-png-svg.html

S. 114/115/116: www.bristolpound.org, mit freundlicher Genehmigung

S. 118/119: www.chiemgauer.info

S. 122: FEASTA/www.feasta.org/documents/feastareview/worldcurrencypanel.htm, mit freundlicher Genehmigung

S. 124: Stadtwerke Wörgl, mit bestem Dank

S. 127: fair.coop/de/faircoin/

S. 128: S. Gesell, Die natürliche Wirtschaftsordnung, R. Zitzmann Verlag, Lauf bei Nürnberg

S. 130: www.internationalmoneyreform.org

S. 136: www.gradido.org

S. 138: www.informationsgeld.info

S. 146/147/148: www.netzbon.ch

S. 154: hayekcenter.org/?p=5398

S. 160/162: www.reka.ch

S. 164/166: www.sardex.net

S. 172/173: Coop Basel, mit bestem Dank an Simon Thoma

S. 177: www.brixtonpound.org, mit freundlicher Genehmigung

S. 179: www.vollgeld.ch

S. 182/183: WIR-Bank, Basel, mit bestem Dank an Volker Strohm

Alle weiteren Bilder und Illustrationen eigene Darstellungen.

Stichwortverzeichnis

Danksagung

Die Idee zu diesem Buch ist über mehrere Jahre gereift. Eine der wichtigsten Quellen der Inspiration waren und sind Momente der Stille und Einkehr sowie die im engen Freundeskreis kultivierten Gespräche, in denen grundlegende Gedanken gemeinsam aus verschiedenen Perspektiven beleuchtet und weiterentwickelt werden konnten. Erforschung, Erkundung, und Erfahrung aus sehr unterschiedlichen Lebensbereichen und mit vielen Menschen flossen so zusammen.

An erster Stelle danke ich meiner visionären Arbeitspartnerin, Julia C. Weber, MSc Organization Development und Dipl. HGKZ Kulturvermittlung, welche meine Projekte seit über zwanzig Jahren mitentwickelt und mitträgt, sowie Barbara Gut, Dipl. Sozialarbeiterin, die seit vielen Jahren kompetent Unterstützung bietet.

Großer Dank gilt Prof. Dr. Jörg Baumberger sowie meinen Kollegen Dr. Philipp Degens, Leander Bindewald und Rolf F.H. Schroeder für ihre fundierten Rückmeldungen, Korrekturen und Verbesserungsvorschläge.

Bei den Recherchen zu einzelnen Kapiteln wurde ich besonders zuvorkommend unterstützt von den Mitarbeitenden der WIR-Bank und von Coop Schweiz.

Dem Versus Verlag mit Anne Büchi und Judith Henzmann danke ich für die Möglichkeit, dass dieses Buchprojekt in vorliegender Form und Struktur erscheint, und für die gute Betreuung und Zusammenarbeit.

All den vielen Menschen, die mich inspirierten, Menschen, denen ich zugehört habe, und Menschen, die mir zuhörten, Menschen, die sich auf fachliche Gespräche einließen, Hinweise und Informationen lieferten, die mich motivierten oder durch kritische Fragen zu besseren Antworten herausforderten, allen sei hier gedankt. Das Schreiben war eine spannende und herausfordernde Erfahrung für mich und ich bin froh und dankbar, dass meine Lebensumstände und die Kräfte des Schicksals dies ermöglicht haben.

Jens Martignoni

Der Autor

Jens Martignoni, *1963, MBA, Ing. FH, doktoriert und forscht an der Universität Köln zum Thema Komplementärwährungen und Genossenschaften und arbeitet als Mitgründer des Vereins NetHood in Zürich an internationalen Forschungsprojekten zu Gemeinschaftswährungen, Netzwerken und Commons. Er ist außerdem Gründungsmitglied und Geschäftsführer des Vereins FleXibles, welcher sich seit 1992 in alternativen Wirtschafts- und Geldfragen engagiert, und Dozent für Management an der Fernfachhochschule Schweiz.

Kontakt: jmartignoni@flexibles.ch

Bibliografische Information der Deutschen Nationalbibliothek

Die Deutsche Nationalbibliothek verzeichnet diese Publikation in der Deutschen Nationalbibliografie; detaillierte bibliografische Daten sind im Internet über http://dnb.dnb.de abrufbar.

Weitere Informationen zu Büchern aus dem Versus Verlag unter www.versus.ch

Umschlagbild und Illustrationen: Thomas Woodtli · Witterswil
Satz und Herstellung: Versus Verlag · Zürich
Druck: Comunecazione · Bra
Printed in Italy

ISBN 978-3-03909-228-4

Zum Weiterlesen

Marc Chesney

Vom Grossen Krieg zur permanenten Krise

Der Aufstieg der Finanzaristokratie und das Versagen der Demokratie

Marc Chesney plädiert für eine Finanzsphäre, die primär der Wirtschaft und Gesellschaft dient.

ISBN 978-3-03909-171-3 · 100 Seiten · Klappenbroschur

Hartmut Kreikebaum
Marcus Kreikebaum

Finanzkrise: Kehrtwende zur Zukunft

Ursachen · Folgen · Lösungsansätze

Hartmut Kreikebaum und sein Sohn Marcus Kreikebaum rekapitulieren die Ursachen und Folgen der Finanzkrise und stellen zahlreiche Lösungsansätze vor.

ISBN 978-3-03909-274-1 · 112 Seiten · Klappenbroschur

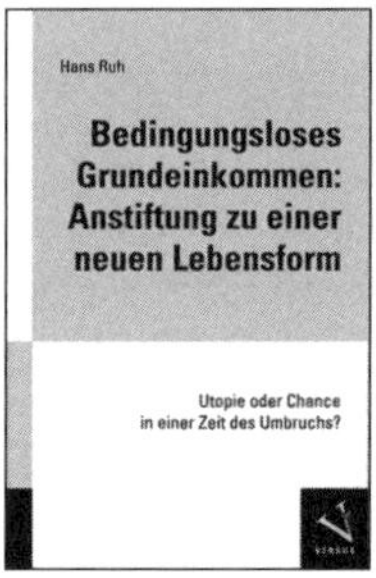

Hans Ruh

Bedingungsloses Grundeinkommen: Anstiftung zu einer neuen Lebensform

Utopie oder Chance in einer Zeit des Umbruchs?

Hans Ruh, einer der Vordenker des bedingungslosen Grundeinkommens, zeigt auf, wie dieses durch seine kreative Potenz ein Fenster aufmacht hin zu ersten Lösungsschritten.

ISBN 978-3-03909-298-7 · 63 Seiten · broschiert

Hans Ruh

Ordnung von unten

Die Demokratie neu erfinden

Hans Ruh zeigt, wie das wirtschaftliche Verhalten wieder an eine übergeordnete Werteordnung angekoppelt werden kann.

ISBN 978-3-03909-198-0 · 208 Seiten · Klappenbroschur